子どもの
権利条約と
生徒指導

川原茂雄

明石書店

はじめに

　子どもの権利条約が国連総会で採択されたのは1989年、日本が条約に批准したのは1994年です。それ以降の時代を「子どもの権利条約時代」と呼びたいと思いますが、はたして世界と日本の子どもたちの権利は、しっかりと保障されるような時代になっているのでしょうか。

　昨年のロシアのウクライナ侵攻によって、多くの子どもたちが戦禍により避難を余儀なくされたり、心と身体を傷つけられています。世界各地では、いまだに紛争や内乱がおさまることなく、多くの子どもたちの命と健康が脅かされています。

　日本では条約を批准した当時、「子どもの権利」はほとんど保障されているので国内法の改正は必要ないと政府は言っていましたが、いまだ極度に競争的な学校教育の下で、学びに意味を見いだせなかったり、劣等感に苦しんでいる子どもたちがいます。また、虐待やいじめ、不登校や自殺などの問題も深刻です。

　この30年あまりの「子どもの権利条約時代」において、日本で、ほとんど変わることがなかったのは学校で実際に行われている「生徒指導」ではないでしょうか。理不尽で不合理な「校則」の問題や、教師の「体罰」や「不適切な指導」については、条約批准当初から指摘されてきたことですが、2012年には大阪の高校での教師による体罰と不適切な指導によって生徒が自殺したり、2017年には教師の指導によって無理やり髪を黒色に染めさせられたことを生徒が裁判に訴えるという事件もありました。

　長い間、学校の校門の前で立ち止まらされてきた「子どもの権利条約」ですが、2022年、文科省が発行する『生徒指導提要』の改訂で、条約の内容の一部が初めて記載されました。わずか1p半という不十分なものではありますが、「生徒指導の手引書・マニュアル」と言われる『生徒指導提要』に「子どもの権利条約」が明記されたことは画期的なことであると思います。また、2022年の国会では、「こども家庭庁」の設置と「こども基本法」の制定が可決

されました。

　これを大きな契機として、「子どもの権利条約」の理念と内容を、日本の学校の「生徒指導」の具体的な指導の中にも生かされていくようにしなければならないと思います。

　この本は、大学での教職課程の「生徒指導論」のテキストとして使われることを想定して書かれたものです。8年前に35年間勤めた高校教員を退職して現在の大学に勤務し、私が最初に担当したのが「生活指導論」という講義でした。2019年の教職課程の再課程認定によって、講座名が「生徒指導論」と変更されましたが、この間この「生活指導論」と「生徒指導論」の講義で、私が学生たちに話してきた内容を中心にまとめました。

　さらに、教職課程の必修科目ではないのですが「子どもの権利と教育」という講座も担当し、「子どもの権利条約」や「日本国憲法・教育基本法」などにおける「子どもの権利」と教育の問題についても学生たちに話をしてきました。「子どもの権利条約時代」の「生徒指導」を考えるためには、そのような内容も加えること必要であると考えました。そのために全体で20章をこえる大部な本になってしまいましたが、これまでに私が、学生たちとともに学び考えてきた「子どもの権利条約」と「生徒指導」についての重要なポイントを網羅することができたと思います。

　是非とも多くの皆さんに読んでいただき、「子どもの権利条約」と「生徒指導」の問題について考えたり、学んでいくきっかけになれば幸いです。

2023年4月　川原茂雄

もくじ　子どもの権利条約と生徒指導

第2部 生徒指導の構造と起源

第3部　disciplineとしての生徒指導

第4部　guidanceとしての生徒指導

序　章
生徒指導と子どもの権利条約

1. 文科省『生徒指導提要（改訂版）』に「子どもの権利条約」が明記

　文部科学省が発行している『生徒指導提要』が12年ぶりに改訂されました。今回の改訂のポイントは、いつくかありますが、最大のポイントは「子どもの権利条約（児童の権利に関する条約）」がはじめて本文中に明記されたことです。

　日本政府は「子どもの権利条約」を1994年に批准しましたが、2010年に刊行された文科省の『生徒指導提要』には、それについての記述はまったくありませんでした。「子どもの権利条約」は国際条約であり、それを批准した国においては、その理念の実現のために、法的な拘束力をもって国内法や行政の整備を求めるものです。にもかかわらず政府や文部省は、批准直後から、わが国においては「教育関係について特に法令等の改正の必要はないところ」として、なんら具体的な指示や施策を行ってきませんでした。

　すでに「国連子どもの権利委員会」からの数度にわたる勧告によって、わが国の「極度に競争的な教育」による様々な問題やいじめや体罰などの問題について指摘され、しっかりとこれらの問題に対応して改善の措置を取るように言われているにもかかわらず、これまで、それらを無視してきました。そうした中で、今回の文科省の『生徒指導提要』の改訂において「子どもの権利条約」が本文中に明記されたことは画期的なことだと言えるかもしれません。

　しかしながら、現在web上に公開されている『提要』の内容を見ると、全体で200pを超える本文中「子どもの権利条約」についての記述はわずか1p半で、その内容も「子どもの権利条約」の4つの原則（①差別の禁止、②児童の最善の利益、③生命・生存・発達に対する権利、④意見を表明する権利）について関連する条文の概要を紹介しているだけという簡素な内容です。

その上で、「本条約の発効を契機として、児童生徒の基本的人権に十分配慮し、一人一人を大切にした教育が行われることが求められています」としながらも、具体的には「いじめや暴力行為、自殺」などの防止と「安全安心の学校づくり」のために同条約の理解を求めることしか書かれていません。はたして、このようなことで、「子どもの権利条約」の理念や精神が活かされた教育や生徒指導に取り組まれるようになるのでしょうか。

2. 大学生たちの「生徒指導」のイメージ

　大学生たちに、小学校から高校までに自分たちが実際に受けてきた「生徒指導」についてのイメージを聞いてみると、「頭髪・服装指導（検査）」「遅刻・校門指導」「礼儀・挨拶指導」「厳しい」「怖い」「うるさい」「めんどくさい」「校則」「体育教師」「怒る「こまかい」「よびだし」「停学」「持ち物検査」「通学指導」などの言葉が挙げられてきます。

　このような傾向は、私が大学で教えるようになった20年前から、ほとんど変わることがなく、おそらく他の大学の学生たちに聞いてみても、ほぼ同様のイメージが返ってくるのではないかと思われます。

　ほとんどの大学生たちにとって、自分たちが実際に受けてきた「生徒指導」のイメージは、圧倒的に「服装・頭髪などが決められた校則（学校のきまり・ルール）を守らされる指導」であり、「非行や問題行動を起こした生徒への指導」であるように思います。そして、そのような指導に対して、「厳しい・怖い・うるさい・めんどくさい・こまかい」といような、非常にブラックでネガティブなイメージをもっているように思われます。

　さらに大学生たちに、これまでどのような「生徒指導」を受けてきましたか？　という質問をすると、驚くべきことに何人かの学生たちは、「生徒指導を受けたことは、ほとんどない」と答えたのでした。彼らにとって、「生徒指導」とは、「服装・頭髪などの学校のきまりを守らない生徒たち」や「非行・問題行動を起こす生徒たち」のような「特別な生徒」に対して、教師たちが行う「特別な指導」であると捉えているように思われます。したがって、「学校のきまりをきちんと守ってきた生徒」である自分は、「生徒指導」というよう

な「特別な指導」を受けたことはないと感じているのではないでしょうか。

3. 文科省の「生徒指導」の定義と「本当の生徒指導」

　大学の講義の中では、文部科学省が発刊している『生徒指導提要』の中の「生徒指導」の定義を必ず紹介しています。そこには、「生徒指導とは、児童生徒の人格を尊重し、個性の伸長を図りながら、社会的な資質や行動力を高める」ものであり、「自己実現を図るための自己指導能力を育成するもの」と定義されています。

　このくだりを読んだ大学生の多くは、自分たちが小学校から高校にかけて実際に受けてきた「生徒指導」のイメージとの違いに大きな驚きととまどいを感じていました。学生の中には「そんな生徒指導は受けたことがない」と言う者や、「むしろ自分は、生徒指導によって人格を傷つけられ、個性を押さえつけられた」と言う者もいました。なぜ、これほどまでに大学生たちの「生徒指導」のイメージと、文部科学省の定義した「生徒指導」の定義との違い・乖離が生じているのでしょうか。

　大学生たちに対して、君たちが受けてきた「生徒指導」は「本当の生徒指導」ではない、あるいは「それは生徒指導のある一面にすぎない」として、文科省が定義する「生徒指導」を「これこそが本当の生徒指導だ」と教えることはできるかもしれません。

　じっさい、ほとんどの大学の教職課程用の「生徒指導」のテキストは、そのように書いてありますし、ほとんどの大学で「生徒指導論」の講義を担当している教員は、そのように教えていると思います。

　しかし、私が大学の教職課程を教えるようになって20年以上、「生徒指導論」を担当するようになって8年になりますが、私自身は「生徒指導」をそのように教えることはできませんでした。

　なぜなら、高校の教師として35年半の間、学校現場で実際に「生徒指導」に携わった者の立場から言うと、私自身がもっている「生徒指導」のイメージは、大学生たちが受けてきた「生徒指導」のイメージと、ほとんど変わるところがなかったからです。

4. 「生徒指導」とフーコーの discipline（規律・訓練）

　1980年に大学を卒業した私は、北海道の高校に社会科の教師として赴任しました。数年前まで校内暴力で荒れていたその学校は、私が赴任した当時すでに落ち着きを取り戻していましたが、教師たちの中には常に生徒たちの指導に対しての緊張感がありました。

　当時、その学校で一番力を入れていたのが「生徒指導」でした。よく言われていたのが、「教師全員が足並みを揃えて、一致した方針と基準で、生徒に甘い顔を見せることなく、厳しく毅然とした態度で、どんな小さなことでも指導していく」ということでした。服装や頭髪などの学校のきまりを守らせることだけでなく、日常の学校生活についても、規律正しくしっかりと取り組むよう、厳しい「生徒指導」が行われていました。

　教師になったばかりの私は、そのような厳しい「生徒指導」に、とまどいと違和感を感じながらも、新任教師として、他の先生方と足並みを揃えながら、そのような「生徒指導」にあたっていきました。

　以来、35年以上にわたって、いろいろな学校現場で「生徒指導」にあたってきましたが、私にとっての「生徒指導」のイメージは、先に紹介した大学生たちのイメージとそれほど違いはなかったのでした。

　私自身が高校の教師だった時に行ってきた「生徒指導」のほとんどは、「服装・頭髪などの学校のきまり（校則）を守らせる指導（規律指導）」であり、「非行・問題行動などを起こした生徒への指導（特別指導・生徒懲戒）」だったのでした。

　そのような「生徒指導」をしていた時に強く感じたのは、「これはフーコーが言っていた discipline（規律・訓練）そのものではないのだろうか」ということでした。大学時代に哲学科に学んでいた私は、専門はフーコーでもフランス哲学でもなかったのですが、当時の哲学界ではフーコーの思想が流行しており、耳学問で彼の思想の概要はそれなりに知っていたのでした。

　大学を卒業し、教師となって、学校現場で実際に行われている「生徒指導」の場面を見たり、自分自身が「生徒指導」をやるようになって、これはフーコーが『監獄の誕生——監視と処罰』の中で書いている discipline（規律・訓練）

そのもののように感じたのでした。

　以後35年半、私が高校教師を退職するまでの間、学校で実際に行われている「生徒指導」は、フーコーの言う discipline（規律・訓練）そのものではないのだろうかという思いを抱き続けてきました。

5. 「子どもの権利条約」と日本の学校における「生徒指導」

　大学の教職課程における「生徒指導論」の講義と「子どもの権利と教育」の講義を受けもつことになり、あらためて「子どもの権利条約」の条文を読み直してみたところ、第28条「教育への権利」に「締約国は、school discipline が、子どもの人間の尊厳と一致する方法で、かつこの条約に従って行われることを確保するためにあらゆる適当な措置をとる」というくだりを見つけました。

　ここでいわれている「school discipline」は、日本語訳では「学校懲戒」とか「学校の規律」というというように訳されていますが、これはまさしく日本の学校に実際に行われている「生徒指導」そのものを意味するものであるように思われます。

　「子どもの権利条約」は、国際条約として、これを批准した締約国に対して法的拘束力をもち、その条約の理念と内容を、しっかりと国内の法律や政策・行政の中で具体化していかなければなりません。したがって、この「子どもの権利条約」を批准している日本は、まさに今学校で実際に行われている「生徒指導＝school discipline」を、この条約の条文どおりに「子どもの人間の尊厳と一致する方法」で、そして「基本的人権」と「子どもの権利」を保障すべきであるとしている「子どもの権利条約」に従って行わなければならないのです。しかし、いまの日本の子どもたちにとって、学校で実際に行われている「生徒指導」に対して、人間の尊厳や自分たちの権利を保障してくれているようには感じられていないように思います。

　「子どもの権利条約時代」とは、世界的には、この条約が国連で採択され成立した1989年以後の時代であり、そしてわが国では、この条約を批准した1994年以後の時代です。

条約批准から30年ちかくなりますが、いまだ日本では、この「子どもの権利条約」について、周知も理解も不十分であり、その理念がきちんと実現されているとは言えません。

　これまでの「国連・子どもの権利委員会」への報告書に対する「最終所見」においても、繰り返し日本政府に対して、日本の子どもたちが置かれている深刻な事態への懸念が表明され、その取り組みへの不十分さを指摘され、わが国の法律・政策・行政を「子どもの権利条約」の理念実現にむけて改善するよう求められています。

　今回、文科省の『生徒指導提要』に、ようやく「子どもの権利条約」について記載されるようになったことは、ひとつの画期ではありますが、それだけでは日本の学校で実際に行われている「生徒指導」が、条約の理念にそって行われるようになるとは思えません。

　そのためには、まず今日本の学校で実際に行われている「生徒指導」がどのようなものであるのか、そして、それがどのような起源と構造をもったものであるのかを明らかにした上で、「子どもの権利条約」の理念と内容を実現していくための「生徒指導」の在り方と課題を明確にして、その取り組みへの具体的な道筋を探求していかなければなりません。

　以下、この本の第1部では、日本国憲法と子どもの権利条約が保障している権利と、その理念と内容を実現する「こどもの権利条約時代」の教育のあり方を明らかにしていきたいと思います。

　第2部では、日本の学校で実際に行われている「生徒指導」がどのようなものであり、それがどのような起源と構造をもつものであるのかを明らかにしたいと思います。

　第3部では、「disciplineとしての生徒指導」の側面について、その構造と課題を明らかにしたいと思います。

　第4部では、「guidanceとしての生徒指導」の側面について、その構造と課題を明らかにしたいと思います。

　そして終章では、「子どもの権利条約時代」における「生徒指導」の在り方について考え、その理念の実現のための具体的な道筋を探求していきたいと思います。

第1部
子どもの権利条約時代の教育

第1章
日本国憲法と基本的人権

　皆さんは日本国憲法について、これまで小学校・中学校・高等学校のそれぞれで学んできたと思います。さらに教員免許を取得するためには大学の教職課程において必ず日本国憲法の講義を必修科目として単位取得しなければなりません（教育職員免許法施行規則66条の6）。ではいったい、なぜ教師になるために必ず日本国憲法について学ばなければならないのでしょうか。その理由は、憲法というものが、なんのためにあるのかを理解することが必要だからなのです。

キーワード

日本国憲法、最高法規、立憲主義、法の支配、基本的人権、幸福追求権

1. 日本国憲法とは何か

　憲法とは、いったいどのような法律で、なんのためにあるのでしょうか。まず憲法は「最高法規」ということです。これは小学校・中学校・高校で必ず教えられることで、テストによく「憲法は、（　　　）法規」というような設問が必ず出されたりしますので、皆さんも暗記させられたと思います。これは、憲法はあらゆる法律や国家の組織の一番上に位置しているのだということなのです。

　国会や政府よりも、法律や条例などのきまりよりも、とにかく憲法は一番上に位置しているんだということです。日本で一番偉いのは誰か？　などと生徒に質問しますと、天皇だとか総理大臣とかというふうに生徒は答えますが、日本で一番偉いのは天皇よりも、総理大臣よりも、憲法なのです。

憲法は一番上にあり、誰も憲法に逆らえないので「最高法規」であるという意味なのです。国内の法律は憲法に違反してはいけないし、政府は法律に違反するような形で政治をやってはいけないし、もちろん国民も憲法のもとで決められた法律に従って生活をしなければならないのです。

いわゆる憲法とか法律というきまり・ルールのことを「法令」といいますけども、これにはランク・序列があります。こういった法律・法令の中で、憲法が一番上に位置して、その下に法律があり、その下に政府が出す命令である「政令」や文科省とか厚労省とかの省庁が出す「省令」とかがあるのです。さらに、この下に地方自治体が出す「条例」というのもあります。このような様々な「法令」には、上の決まりには、下の決まりは違反してはならないというルール・序列があるのです。この序列でいうと憲法は一番上にあって、法律は憲法に逆らえない。省令や政令は、法律には逆らえない条例は省令・政令には逆らえないのです。そういった意味においても、憲法は「最高法規」なのです。

2. 憲法を守らなければならないのは誰か

よく私は憲法の授業で、このような質問をします。「憲法を守らなければならないのは誰なのか？」

選択枝は「1. 国務大臣　2. 国会議員　3. 公務員　4. 国民」です。

多くの生徒・学生たちは、真っ先に4番に丸をつけますが、皆さんはどうでしょうか。じつは、憲法を守らなければならない（尊重し擁護する義務を負っている）のは誰なのかは、日本国憲法の中に書いてあるのです。

第99条「天皇又は摂政及び国務大臣、国会議員、裁判官その他の公務員は、この憲法を尊重し擁護する義務を負う」

気がついた人もいると思いますが、ここには「国民」という言葉が入っていません。もちろん憲法も法令のひとつですから国民であっても、これを守ることは当たり前なのですが、実は、国民には憲法を「尊重擁護する義務」という

のはないのです。一方で、「天皇、国務大臣、国会議員、裁判官、その他の公務員」は、きちんと憲法を「尊重擁護する義務」を負っているということが、憲法できちんと明記されているのです。

　ここで示されている人たち皆、なんらかのかたちで国家の権力機関に関わっている人、携わっている人たちなのです。国家が行使する権力に関わる者・携わる者は、必ず憲法を守り、それに従わなければならないという「尊重擁護する義務」を負うということなのです。ここに憲法の基本的な性格が明確に現れています。つまり、憲法というのは、「国家権力に関わる者・携わる者が必ず守らなければならないもの」であり、国家権力を縛るものであり、制限をかけるものであるということです。

3.　なぜ憲法は国家権力を縛るのか

　なぜ憲法は国家権力を縛り、制限をかけようとするのでしょうか。それは、権力というのは時に暴走すること、濫用されることがあるからなのです。皆さんも知っているかもしれない漫画「天才バカボン」に登場するお巡りさんですが、この人は漫画の中の話ですけどやたらバーンって銃を撃って、「逮捕するぞっ！」と叫んでいますが、これは警察の「権力行使」というよりは、明らかに「権力」の暴走・濫用です。実際の警察官がこんなことをしては絶対にいけないわけですけども、しかし「権力」というのは、それをもつ人間にとっては使いたくなるというか、濫用したくなることがあるのです。そうすると、これは国民の権利・人権を侵害することになってしまいます。そういったことを防ぐために、権力者の権力行使に一定の制限をかける必要があり、それが憲法の役割のひとつなのです。

　このような国家権力を縛るためのルールとして憲法があるという考え方を「立憲主義」と言います。権力者の行為は全て憲法に基づいて行わなければならないこと、憲法によって国家権力を制限し国民の権利を守る自由を保障するという考え方、すなわち憲法というのはあくまで国民の権利を守るためにあるものであるという考え方を「立憲主義」と言うのです。日本も、この「立憲主義」の考え方に基づいて現在の日本国憲法というものを定めているのです。

憲法と法律

　憲法とは、他の法律と同じように国民を縛るものという、国民の行動に制限をかけるものというイメージを、もっている人がいるかもしれませんが、そうではありません。憲法と法律では、同じ国の中の「きまり・ルール」であっても少し性格が違うのです。

　国民の側から国家に対して制限をかける縛るものが憲法であり、逆に国家の側から国民に対して様々な制限をかけるのが法律であるということです。また、憲法とは国家権力を国民が管理するというマニュアル・手引書だとも言われています。国民から国家に対してベクトルが向いているのが憲法であり、国家から国民に対してベクトルが向いているのが法律なのです。同じ「きまり・ルール」であっても、このベクトルの向きが違うところを注意していただきたいと思います。憲法は国家が守るもの、守らなければならないもの、国家に制限をかけるものであり、そして、それに従ってつくられた法律は、国民が守っていかなければならないものということなのです。

4.　憲法は何のためにあるのか

　みなさんは高校時代に、「人の支配」と「法の支配」ということを学習したことと思います。昔々、王様が国民を支配していた時代、法律とか憲法なんかない時代は、王様や支配者の勝手気ままに権力行使が行われ、これらの国の国民たちの権利が侵害されるっていうことがありました。それではまずいだろうということで、近代に入ってこの「法の支配」という考え方が現れ、国家の権力はあくまでも法律に基づいて行使されなければならない。それによって国民

の権利というのがきちんと保障される社会になるのだという考え方が出てきたのです。

この「法の支配」には、①憲法は国民の基本的人権を保障するためにある、②憲法は最高法規であり、これに違反する法規範は効力をもたない、③法の内容と手続きの公正を要求する適性手続きが保障されなければならない、④権力の恣意的行使をチェックする司法機関（裁判所）の役割を重視するという四つの原則があります。

このような「法の支配」と「立憲主義」は、近代の民主主義国家にとっては一番大事な原理・原則なのです。このような原理・原則に基づいた憲法は、あくまでも国民の権利を守り、自由を保障するためにある、国民を守るためにあるのだということなのです。その憲法が守らなきゃならない一番大事な国民の権利のことを基本的人権というふうに言います。

日本国憲法第11条では「国民は、すべての基本的人権の享有を妨げられない。この憲法が国民に保障する基本的人権は、侵すことのできない永久の権利として、現在及び将来の国民に与へられる」というように明記されています。

憲法は何のためにあるのか、それは国民の基本的人権を保障することであるということ、これが憲法を理解するために一番大事なところなのです。

5.　基本的人権とは何か

憲法が守るべきである国民の権利＝基本的人権とは何なのでしょうか。

「人は生まれながらにして自由・平等の権利をもつ」という自然権思想というものを中学・高校時代に学習したと思います。近代の思想家であるホッブズ、ロック、ルソーなどが主張した自然権とは、自然状態（国家ができる前の状態）では、身分によらず個人が誰でも生命・自由・財産の権利をもっているという考え方です。この自然権思想は、アメリカ独立やフランス革命などの市民革命に大きな影響を与え、バージニア権利章典（1776年）やフランス人権宣言（1789年）にも取り入れられています。さらには第二次世界大戦後の「世界人権宣言」（1948年）や「国際人権規約」（1966年）などの国際的な基本的人権の考え方の基盤となっています。そして、わが国の日本国憲法においても、こ

のような基本的人権の考え方が引き継がれているのです。

　「権利」という言葉は、英語では「right」といいますが、これは「当たり前」「正しい」「道理にかなっている」「ごもっとも」というような意味です。つまり、「人間として当たり前にもっている権利」「人間として正当に要求できる権利」というような意味だといえます。この「right」という言葉を、明治初期に西周や福沢諭吉は「権義」「権理」「通義」などと和訳しましたが、最終的に「権利」という言葉が使われるようになりました。

　このような「人間として当たり前にもっている権利」のことを「基本的人権 (fundamental human right)」と言いますが、日本国憲法においても、その下の法令においても、国民の基本的人権は保障され、最大限に尊重されるべきものとされています。

　日本国憲法の100条以上ある条文のほぼ3分の1にあたる第3章の第10条から40条までは、全て基本的人権についての条文であり、人権のカタログとも言われています。

　ここには、憲法が保障する国民の基本的人権と、それを保障するために国家権力が「やってはいけないこと」と「やらなければならないこと」が書かれています。ですから、憲法の文章には「何々を保障する」「尊重する」「与えられる」というように書いてある文章が多いのですが、これは全て国民に対して言っているわけです。それに対して、「何々してはならない」とか、「何々できない」「何々を認めない」さらに「されなければならない」「努めなければならない」という文章は全て国家に対して言っていることなのです。

　日本国憲法が国民に対して保障する基本的人権としては、①自由権－精神的自由・経済的自由・人身の自由、②社会権－教育を受ける権利、生存権、労働基本権など、③平等権、④参政権などが明記されています。

　このような国民の権利を保障するために国家が「やってはいけないこと」は、第31条から第40条までにおいて詳細に明記されています。基本となる考え方は、「何人も、法律の定める手続きによらなければ、その生命若しくは自由を奪われ、又はその他の刑罰を科せられない」という第31条の「適性手続きの原則」と「罪刑法定主義」です。

　一方で、国家が「やらなければならないこと」も憲法には明記されていま

す。基本となる考え方は、第25条の「すべて国民は、健康で文化的な最低限度の生活を営む権利を有する」という社会権・生存権というものです。これは、国民の権利を保障するためには、たんに国家が国民の権利侵害をやらないだけでなく、むしろ積極的に権利保障をすすめるべきであることを明記したワイマール憲法の考え方がもとになっています。日本国憲法の第25条は、このワイマール憲法の考え方を受け継いでいるといわれています。生活保護の問題や社会福祉・年金制度、そういった社会保障制度などについては、国家が国民に対して人間らしい生活ができるように様々な施策を「やらなければならない」とされているのです。

6. 日本国憲法が目指しているもの

　日本国憲法の第13条では、「すべて国民は、個人として尊重される。生命、自由及び幸福追求に対する国民の権利については、公共の福祉に反しない限り、立法その他の国政の上で、最大の尊重を必要とする」とされています。

　ここに憲法の最も重要な目的は「個人の尊厳」を守ること、すなわち一人ひとりの存在の尊さ、大切さ、かけがえのなさを大切にすることであり、「生命・自由」という基本的人権を保障し、そのことによって一人ひとりが人間らしく幸福に生きる権利を最大限尊重するということが明記されています。

　これは「幸福追求権」とも言われていますが、要するに日本の国民は「みんな幸せになって、いいんだよ」「みんな幸せになる権利があるんだよ」ということ、そして、そのためには個人一人ひとりが尊重されなければならないということを明記しているのです。

　つまり日本国憲法は、国民すべてに対しては「みんな幸せになって、いいんだよ」と呼びかけ、国に対してはそのために最大限のことをしなければならない（それを侵害することをやってはいけない）ということを要求しているのです。

　ただし、このように一人ひとりの権利が保障されると言っても、それは個人が「何をやってもいい」「どんなことでも許される」ということではありません。もし個人の権利の行使が、他の個人の権利を侵害するようなことがあったり、個人と個人の権利行使が対立・衝突するような場合には、「公共の福祉」

に反することのないように、個人の権利行使に対しての調整や一定の制限がかけられることがあります。

逆にいうと、そのような他人の権利を侵害しない限り（公共の福祉に反しない限り）、国民一人ひとりの権利は最大限尊重・保障されるということなのです。

7. 権利が保障されるためには

日本国憲法が国民に対して保障している基本的人権は、それが憲法に明記されているからと言って、現実的にすべてきちんと保障されていくわけではありません。国民の一人ひとりが、憲法に明記されている権利の享有主体となり、権利の行使主体となっていかなければならないのです。

そのためにはまず、日本国憲法にはどのような権利が国民に保障されているのかを知らなければなりません。権利は知らなければ、それを行使することはできません。まず、自分がどのような権利をもっているかを知り、そしてそれを実際に行使していかなければ、その権利は保障されていかないのです。権利は知ることで、はじめて行使することができるようになるのです。そして、権利は行使されることで、はじめてきちんと保障されるようになっていくのです。

---

①権利は知らなければ、行使できない。
②権利は行使しなければ、保障されない。
③権利は知ることで、行使することができるようになる。
④権利を行使することで、行使する主体になることができる。

日本国憲法の第12条では、「この憲法が国民に保障する自由および権利は、国民の不断の努力によってこれを保持しなければならない」と書かれています。

つまり、憲法が保障している権利は、それが憲法に書いてあるからというだけでは保障されていかないのです。国民の一人ひとりが憲法で保障されている

権利を知り、実際にこれを行使していくという「不断の努力」によって、これを保持していかなければならないことを日本国憲法は国民に求めているのです。

ブックガイド

伊藤真（2007）『憲法の力』集英社
伊藤真（2022）『武器になる「憲法」』ソシム
川原茂雄（2016）『かわはら先生の憲法出前授業　よくわかる改憲問題』明石書店
西原博史・斎藤一久編著（2016）『教職課程のための憲法入門』弘文堂

第2章
権利としての教育

　皆さんは日本国憲法における「国民の三大義務」について知っているでしょうか。「教育の義務（第26条）」、「勤労の義務（第27条）」、「納税の義務（第30条）」ですね。ところが、この「教育の義務」について、勘違いして理解している人が多いように思います。「義務教育」というものを、日本の子どもたちが「学校に行って教育を受けなければならない義務」であると思っている人がいるのですが、これはまったく間違った理解です。「義務教育」とは「子どもの義務」ではなく、「子どもの権利」なのです。

キーワード

義務教育、教育を受ける権利、権利としての教育、大日本帝国憲法・教育勅語体制、日本国憲法・教育基本法体制

1. 教育は子どもの義務ではなく権利

　「義務教育」というものを、日本の子どもたちが「学校に行って教育を受けなければならない義務」であると思っている人が、意外に多いようです。小学校中学校時代に、みなさんがちょっと学校に行き渋ったりした時に、親から「小学校（中学校）は義務教育なんだから、子どもは学校に行かなければならない義務があるんだ」と言われたことがある人もいるのではないでしょうか。

　これはまったく間違った理解で、「義務教育」とは「子どもの義務」ではありません。

　日本国憲法第26条には、「すべて国民は、法律の定めるところにより、その能力に応じて、ひとしく教育を受ける権利を有する」と書いてあります。

　つまり、日本国民にとって「教育」は義務ではなく、それを受ける「権利」であると明記してあるのです。さらに憲法第26条には、「<u>すべて国民は、法律の定めるところにより、その保護する子女に普通教育を受けさせる義務を負う。義務教育はこれを無償とする</u>」と明記されています。

　つまり、教育の義務というのは「子どもの義務」ではなく、「大人（親や国）の義務」であるということなのです。教育を受ける権利をもっている日本の子どもたちに対して、日本の大人たち（親や国）は、教育を受けさせる義務を負っているのです。日本の子どもたちにとって、教育というのは「義務」ではなく、それを受けることができる「権利」であるということをまず確認しておきたいと思います。

2.　基本的人権としての「教育を受ける権利」

　日本国憲法において「<u>教育を受ける権利</u>」は、すべての国民に保障されている基本的な人権なのです。前章でも書いたように基本的人権とは「人間として当たり前にもっている権利」なのですが、この「教育を受ける権利」も日本国憲法において当たり前に保障される基本的人権の一つであるとされるのです。

　それは第26条の「教育を受ける権利」として明記されているだけでなく、第13条に明記されている個人として尊重され、生命、自由、幸福追求の権利が最大限尊重されるというところからも、当然保障されなければならない基本的人権であると言えます。

　また、第19 〜 23条で保障されている「思想・良心・信教・表現・職業選択・学問の自由」という市民的自由の権利からも、子どもが市民として人間的に成長・発達するために、当然「教育を受ける権利」は、その基盤となるものとして保障されなければならないと言えます。

　さらに、第25条の「健康で文化的な最低限度の生活を営む権利」を保障するためにも、人間らしく生きて生活していく権利（生存権）を、国家が国民に保障するものとして「教育を受ける権利」が保障されなければなりません。

　1970年の東京地方裁判所における教科書検定訴訟での杉本判決では、「この規定（第26条－教育を受ける権利）は、憲法第25条を受けて、いわゆる生存権

的基本権のいわば文化的側面として、国民の一人一人にひとしく教育を受ける権利を保障し、その反面として、国に対して右の教育を受ける権利を実現するための立法その他の措置を講ずべき責務を負わせたものであって、国民とくに子どもについて教育を受ける権利を保障したものということができる」という判例が示されています。

　すなわち、国家には、国民（子ども）の基本的人権としての「教育を受ける権利」を、しっかりと保障していく義務・責務があるのです。

3.　大日本帝国憲法・教育勅語の下における教育体制

　国民（子ども）には、「教育を受ける権利」があり、それを国家は保障しなければならないという「権利としての教育」という考え方がなされるようになったのは、わが国では戦後に日本国憲法と教育基本法が制定されてからのこととされています。

　戦前の日本における「教育」というものの考え方は、いまとは全く異なったものでした。1872年（明治5年）に「学制」という近代的な学校制度が日本にも取り入れられて、そこから日本における「学校」が始まったわけですが、当初は完全な義務ではなかったので、学校に行かないという子どもたちがたくさんいました。明治19年の「小学校令」によって就学義務の強制が始まり、ここから現在のようなほぼ100％の子どもたちが学校に通うという「義務教育」のかたちになっていきました。

　しかし、ここでの「義務教育」は、いまの「義務教育」の考え方とは違い、国民（子ども）は学校に行かなければならないという義務であったのでした。

　当時の「小学校令」には、「教育ハ……国家生存ノ為ニ臣民ヲ国家的ニ養成スルニアリ」「就学セシムル義務ハ児童ニ対シテ負フニ非ズシテ国家ニ対シテ負フ」とされており、親（保護者）の就学義務は、子どもに対する義務ではなく、国（天皇）に対して臣民として服従する義務でした。戦前の日本の国民の三大義務は「教育・兵役・納税」でしたが、これは全て国民の天皇に対する義務であったのでした。

　1889（明治22）年に大日本帝国憲法が発布され、さらに1890（明治23）年に

は教育勅語が発布されました。これによって日本における天皇制国家主義的な教育体制が確立したとされています。それは「権利としての教育」を国家が保障するという教育ではなく、国家による国民に対する「支配と統制としての教育」だったのでした。

　日本は万世一系の天皇が支配する国であり、国民は神の子孫である天皇の臣民（けらい）であり、天皇の命令には絶対に従わなければならないとされました。天皇は国家における統治権の総覧者であり、絶対的な政治権力をもつ元首であり、皇祖皇宗の遺訓に基づく道徳を指し示す精神的価値の体現者でした。大日本帝国憲法（明治憲法）のもとでは、教育は、天皇（国家）の大権の一つとされ、教育勅語の下で国民道徳の形成を主眼とする国家主義的な教育が行われていきました。

　日本の教育と学校のあり方を規定するのは憲法や法律よりも「勅令（天皇の命令）」であり、学校教育は、基本的に「勅令」に基づく権力的な行政による権力作用であると解されていました（勅令主義）。学校は「営造物」として行政の管理に服し、そこでは「特別権力関係」が成立するとされ、法律によらない統制・支配が行えるとみなされていました

4. 日本国憲法・教育基本法による教育体制の確立

　1945（昭和20）年8月、日本はポツダム宣言を受諾し、平和で民主的な国家になることを約束して戦争は終結しました。その後、GHQ（連合国軍総司令部）の指令にもとづく戦後日本の教育改革が始まりました。

　1946（昭和21）年3月に、アメリカ合衆国から教育使節団が来日して、日本の教育についての調査を行い報告書をまとめました。そこで示された日本の教育改革の方向性は、それまでの天皇制国家主義・軍国主義教育の排除と民主主義・自由主義的な教育への転換でした。

　同年の11月に日本国憲法が公布され、国民主権・平和主義・基本的人権の保障の三大原理が確立され、第26条に「教育を受ける権利」が明記され保障されるようになりました。

　1947（昭和22）年3月には新たな日本の教育の理念と方針とを定めた教育基

本法が制定されました。これと同時に旧学校令は廃止され、学校教育法、教育委員会法、文部省設置法、教育公務員特例法、教育職員免許法、私立学校法などの教育に関する法令が次々と制定されていきました。

　このようにして日本国憲法・教育基本法にもとづく教育法の体系によって、以下のような新しい日本の教育体制がかたちづくられたのでした。

①教育勅語体制の否定——1946年に国会で「教育勅語」の失効決議がなされ、戦前の天皇制国家主義的な教育の理念・方針からの転換がはかられました。

②国民の権利としての教育——教育は国家（天皇）に対する義務ではなく、すべての国民が享受すべき基本的人権（権利としての教育）となりました。

③教育立法・行政の法律主義——教育に関する国家と国民の関係は、「法の支配」の原理に基づく「法律主義」となりました。

5.「権利としての教育」を保障するための日本国憲法・国際条約と法体系

　戦後、日本国憲法と教育基本法の制定によってつくられた新しい日本の教育体制は、国民の基本的人権である「教育を受ける権利」を保障し、「権利としての教育」を実現するためのものとして確立されました。立憲主義と法の支配の原理にもとづく日本国憲法によって、国民の基本的人権は憲法と法律によって保障されることになりました。憲法に定められている基本的人権は、原則として国家などの公権力が国民に対して、これを守り・保障するものです。

　法律は、国民の代表者が国会において制定するものであり、決して憲法に違反してはなりません。また、法律は国民の基本的人権を保障するために制定されるものであり、国や自治体の行政は、公共の福祉による制限以外は、すべて法律に従って行わなければなりません。

　また日本が批准した国際条約や国際規約なども、憲法に準じたものとして、国内の法律（法令）はそれに従わなければなりません。もし条約・規約に違反するような法律（法令）がある場合には、それを改正する必要や、新たな法律（法令）を制定する必要があります。

　憲法と条約・法令の体系は以下のような階層関係になっています（上位の法

は下位の法に優先する）。

　日本における「権利としての教育」を保障するための教育法体系は以下のようになっています。

- ・最高法規としての「日本国憲法」（1946年公布・1947年施行）
- ・教育に関係する国際条約・規約——「世界人権宣言」「国際人権規約」「子どもの権利条約」（1989年制定・1994年批准）
- ・準憲法的法規としての「教育基本法」（1947年制定・2006年改正）
- ・教育制度に関する法規——「学校教育法」「同施行規則」「国立学校設置法」「私立学校法」……
- ・教育職員に関する法規——「教育公務員特例法」「国家公務員法」「人事院規則」「地方公務員法」……
- ・教育行財政に関する法規——「文部省設置法」「地方教育行政の組織及び運営に関する法律」……
- ・教育を受ける権利保障に関する法規——「児童福祉法」「母子福祉法」「生活保護法」「就学困難な児童および生徒に係る就学奨励についての国の援助に関する法律」「特別支援学校への就学奨励に関する法律」

6. 日本国憲法・教育基本法体制で保障される「権利としての教育」とは

　日本国憲法、教育基本法体制で保障される「権利としての教育」とは、一体どのようなものなのでしょうか。日本国憲法第26条では、以下のように定め

られています。

①すべて国民は、法律の定めるところにより、その能力に応じて、ひとしく教育を受ける権利を有する。

②すべて国民は、法律の定めるところにより、その保護する子女に普通教育を受けさせる義務を負う。義務教育は、これを無償とする。

第一項は、「教育を受ける権利」が、すべての国民に無差別平等に保障されるべきこと、教育は、ひとりひとりの国民の能力を最大限まで伸ばすものでなければならないことを定めています。

第二項は、子どもの「教育を受ける権利」を保障すべき親（保護者）や国・自治体の責務を明らかにして、義務教育は無償であるべきことを定めています。

このように憲法では、国民の「教育を受ける権利」を保障するためには、「権利としての教育」を実現することが国の責務であることが定められているのです。

「権利としての教育」を実現するために、国が「やらなければならないこと」は何でしょうか。

①教育の機会均等──憲法26条では、「その能力に応じて、ひとしく教育を受ける権利を有する」とあり、教育を受ける機会が不当に差別されないこと（教育における平等の実現）が定められています。これに基づいて、教育基本法の第3条では「すべて国民は、ひとしくその能力に応ずる教育を受ける機会を与えられなければならないのであって、人種、信条、性別、社会的身分、経済的地位又は門地によって、教育上差別されない」として、教育の機会均等の原理が定められています。

②義務教育の無償──憲法26条では、「義務教育は、これを無償とする」と定められています。教育を受けることが国民の権利である以上、その費用は国が負担するのが当然であり、義務教育を受ける機会が児童・生徒の家庭の経済的条件に左右されることがあってはなりません。学校教育法第19条では、「経済的理由によって就学困難と認められる学齢児童・生徒の保護者に対して市町村は必要な援助を与えなければならない」として就学援助を保障することを定めています。

③学校の公共性──国民の教育を受ける権利を保障するために、学校は

「公共的な性格」をもたなければなりません。学校を設置する主体は国、地方公共団体及び学校法人のみに許され、法律（学校教育法第一条）に定められている学校は、小学校、中学校、高等学校、大学、高等専門学校、盲・ろう・養護学校、幼稚園と定められています。国が法律で定めた学校は、法定の規模を備え、法定の課程による教育を行うとともに、国や自治体は、学校教育の条件整備の責務（施設設備の整備、教職員の配置、教育内容の充実）を負っています。

7. 「権利としての教育」を保障するために「やってはいけないこと」

一方、「権利としての教育」の実現のために、国が「やってはいけないこと」は何でしょうか。

1947年に制定された「教育基本法」の第10条では、「教育は、不当な支配に服することなく、国民全体に対し直接責任を負って行われるべきものである」とさだめ、国による「不当な支配」を禁じています。これは、戦前の日本において、教育が国家（天皇）によって厳しく統制・支配されていたことを反省し、このような教育を否定するという意味があります。

このことから学校教育の「中立性」、とりわけ「宗教的中立性」と「政治的中立性」が求められます。

「宗教的中立性」については、「教育基本法（2006年）」の第15条で「国及び地方公共団体が設置する学校は、特定の宗教のための教育その他宗教的活動をしてはならない」と定められています。

「政治的中立性」については、「教育基本法（2006年）」の第14条で「法律に定める学校は、特定の政党を支持し、又これに反対するための政治教育その他政治的活動をしてはならない」と定められています。

しかし、宗教や政治について、学校の教育でこれをまったく扱ってはいけない・教えてはいけないということではありません。「教育基本法（2006年）」の第15条では、「宗教に対する寛容の態度、宗教に関する一般的な教養及び宗教の社会生活における地位は、教育上尊重されなければならない」とされていますし、第14条では「良識ある公民として必要な政治的教養は、教育上尊重さ

れなければならない」とされています。

　日本国憲法と教育基本法による教育体制の基本は、あくまでも国民（子ども）の基本的人権を保障することです。「権利としての教育」を保障するために、国や学校が最も「やってはいけないこと」は、学校教育における児童生徒に対しての「人権侵害」です。しかしながら、現実の学校教育の現場では、以下のような児童生徒の「人権侵害」が起きる可能性があります。

　①体罰・校則・懲戒における「人権侵害」

　②成績・内申書（調査書）における「人権侵害」

　③就学保障における「人権侵害」——不登校・中途退学など

　④学校生活における「人権侵害」——いじめ・学校事故など

8. 憲法・教育基本法体制において「権利としての教育」は保障されているのか？

　日本国憲法・教育基本法下の教育体制において、本当に「権利としての教育」は保障されているのでしょうか。「教育を受ける権利」によって「教育の機会均等」が保障されなければなりませんが、本当にすべての日本の子どもたちに、平等で均等に学校で学ぶ機会が与えられているのでしょうか。

　いまの日本では、子どもたちに教育を受ける（受けさせる）のに、あまりにもお金がかかり過ぎてはいないでしょうか。家庭の経済的な格差が、子どもたちの学力や学歴の格差につながってはいないでしょうか。学校の中で、本当に子ども（児童・生徒）たちの人権は保障されているのでしょうか。教師による体罰や不適切な指導によって身体や心が傷ついたり、理不尽で不合理な校則に縛られて苦しんでいる児童生徒たちがいるのではないでしょうか。

　いまの日本の学校で教育を受けることが、本当に子ども（児童・生徒）たちにとっての学びや成長・発達を保障することになっているのでしょうか。

　日本国憲法・教育基本法において「権利としての教育」についての条文が書かれているだけで、その権利がきちんと保障されていくわけではありません。「国民の不断の努力」がなければ、日本国憲法や教育基本法に書かれている権利は実現されてはいかないのです。「権利としての教育」を現実のものとして保障していくために、私たちは何をしなければならないかをしっかりと考えて

いかなければなりません。

ブックガイド

兼子仁（1978）『教育法（新版）』有斐閣
永井憲一（1980）『国民の教育権（改訂版）』法律文化社
永井憲一・今橋盛勝（1985）『教育法入門』日本評論社
堀尾輝久（1991）『人権としての教育』岩波書店
堀尾輝久・兼子仁（1977）『教育と人権』岩波書店

第3章
子どもの権利と子どもの権利条約

　「子どもの権利条約」が国連で採択されたのは1989年、日本がこの条約を批准したのは1994年です。それ以降の時代を「子どもの権利条約時代」と呼びますが、はたして世界で、そして日本で、子どもたちの権利がしっかりと保障されるようになっているのでしょうか。そもそも「子どもの権利」とは何か、「子どもの権利条約」とはどのような国際条約なのかを、よく知らない、理解していない人たち（大人も子どもも）が多いのではないでしょうか。まずは知ること、そして理解することが大切です。

キーワード

子どもの権利、ジュネーブ宣言、子どもの権利宣言、子どもの権利条約、生命・生存・発達の権利、意見表明権、市民的自由の権利

1.「子どもの権利」とは

　「子どもの権利」とはどのような権利なのでしょうか。

　まずは、この「子ども」という存在をどのように捉えるかということが大切です。

　皆さんは、「子ども」というと、どのようなイメージをもたれるでしょうか。一般的に「子ども」とは、「幼い者・大人でない者」であり、年齢的には18歳未満の者を意味します。日本でも2022年以降は民法改正によって18歳未満の者が未成年者として定められました。

「子ども」には三つの側面があると言われています。

---

①子どもは人間である（普遍性）——当たり前のことですが、子どもはひとりの人間です。

②子どもは子どもである（固有性）——これも当たり前のことですが、子どもはまだ未成熟・未成長な存在であり、子どもとして守られ・保護されなければならない存在です。

③子どもは大人になる（成長性・発達性）——子どもは必ず大人になります。大人になっていくために成長し、発達していく存在であります。

　次に「子どもの権利」という時の「権利」とは何かということです。

　「権利」ということについては、皆さん小学校・中学校・高校の、特に社会科で学習したり、いろんな場面で考えさせられてきたと思いますが、どのようなイメージをもっているのでしょうか。

　第1章でも述べましたが、「権利」という言葉は、英語では「right」といいます。この「right」という言葉を、明治初期に西周や福沢諭吉は「権義」「権理」「通義」などと和訳しましたが、最終的に「権利」という言葉が使われるようになったそうです。この「権利」という漢字から、「権益」とか「利益」というようなイメージ・印象をもってしまいがちですが、「right」とは「当たり前」「正しい」「道理にかなっている」「ごもっとも」というような意味であり、つまり「権利」とは「人間として当たり前にもっている権利」「人間として正当に要求できる権利」というような意味だといえます。

　この「子どもの権利」には、「子どもの人権」と「子どもの権利」という二つの側面があると言われています。

　①子どもの人権——子どもも人間であり、人間として誰でもがもっている基本的人権（自由権・平等権・幸福追求権・人格権）

　②子どもの権利——大人とはちがった子ども時代の固有の権利——これにはさらに二つの側面があります。

　　a.子どもが子どもとして守られ・保護される権利（生存権）

　　b.子どもから大人へと発達成長することが保障される権利（学習と参加の

権利)。

　このような「子どもの人権」と「子どもの権利」は、先にしめした「子ど
も」の三つの側面に対応しています。

　　①「子どもは人間である」──→人間として誰でもがもっている基本的人権。

　　②「子どもは子どもである」──→子どもとして守られ・保護される権利（生存
　　　権）。

　　③「子どもは大人になる」──→大人へと成長・発達することが保障される権
　　　利（学習と参加の権利）。

　このような「子どもの権利」は、「子どもの権利条約」で示されている四つ
の子どもの権利にも対応しています。

---

　①「生きる権利」──住む場所や食べ物があり、医療を受けられるなど、命
　　が守られること。

　②「育つ権利」──学校で学んだり、遊んだりして、もって生まれた能力を
　　十分に伸ばしながら成長できること。

　③「守られる権利」──紛争に巻き込まれず、難民になったら保護され、暴
　　力や搾取、有害な労働などから守られること。

　④「参加する権利」──自由に意見を表明したり、団体を作ったりできるこ
　　と。

　上記の①「生きる権利」と③「守られる権利」は、「子どもとして守られ・
保護される権利」であり、②「育つ権利」と④「参加する権利」は、「大人へ
と成長・発達することが保障される権利」であると言えるでしょう。

　教育学者の堀尾輝久は、「人権の主体としての子ども、大人とは違っている
子ども、その発達のそれぞれの段階に、それぞれふさわしい発達をとげ、学習
を積んでいく、それが子どもの権利の内実をなす」と述べていますが、「子ど
もの権利」には、ひとりの人間として人権の主体となる基本的人権と、大人と
は違っている子ども（子どもとしての子ども・大人になっていく子ども）の、そ
れぞれに対応した多様な権利が「子どもの権利」の内実であるとしています。

　しかし、このような「子どもの人権・権利」は、子ども自らそれを主張する

ことも、要求することもできません。子ども以外の誰か（大人・親・教師・国家）が、その権利を保護・保障していかなければならないのです。

2. 人権としての「子どもの権利」の歩み
——子どもたちに"最善のもの"を

　このような「子どもの権利」という考え方は、実は人権の歴史においては、まだ新しい考え方であるとされています。基本的人権という考え方が確立したのは17~18世紀の市民の革命の時代であるとされていますが、その頃の人権というのは、まだ成人の大人の権利というイメージが主流であり、また市民革命が起こったヨーロッパ中心の考え方でした。したがって、女性の権利であるとか、ヨーロッパ人以外の人間の権利というのは、ほとんど認められていなかったのでした。それが人権の歴史の中で、しだいに女性やヨーロッパ人以外の人々の権利というものが認められるようになっていきました。しかし、「子どもの権利」というものが、人権の歴史の中でも認められていくには長い時間がかかりました。それは、子どもたち自身が、自分たちの権利について自覚し、それを主張することが、なかなかできないということがあったからだと思います。

　歴史的に最初に「子どもの権利」というものが、国際的に大きくクローズアップされたのは、1924年の「児童（子ども）の権利に関するジュネーブ宣言（以下ジュネーブ宣言）」が、当時の国際連盟の場において出されたことでした。

　このような宣言が国際連盟の場で出されたのは、第一次世界大戦の後のことだったのですが、それはやはりこの世界大戦で一番に犠牲になったのは戦渦に巻き込まれた子どもたちではないのかということからでした。もちろん世界戦争ですから、たくさんの人たちが兵隊として戦死し、いろんなものが破壊されたわけですが、多くの子どもたちもまた身体的にも精神的にも傷つき、大切な命が失われていきました。そういった意味で、戦争の最大の被害者は子どもたちではないのかということから、やはり子どもたちの生命や健康を守り、きちんと保護して、その「子どもの権利」をしっかりと認めて保障していかければならないという考え方が、この「ジュネーブ宣言」の中には込められているのです。

　特別な保護の対象としての「子ども」という存在を認識し、その「子ども」たちを保護・ケアしていかなければならないという「子ども観」から、この「子どもの権利」を保障するという課題が浮かび上がってきたのでした。

　この「ジュネーブ宣言」の中で、非常に重要な考え方のひとつに、「人類は児童に対して最善のものを与える義務を負うものである」という理念があります。人類は、子どもたちに「最善のもの＝人類がもっている一番いいもの」を、子どもたちに与えなければならないということです。

　「人類にとって一番いいもの」とはなんでしょうか。あなたにとって最善のものはなんでしょうか。もし、今、プレゼントしてもらえるならば、自分にとって最善のものを贈ってもらいたいと思うのではないでしょうか。

　「ジュネーブ宣言」では、人類は子どもたちに対して最善のものをプレゼントしなければならない、そういう義務を負っていると言っているのです。しかし、人類は、第一次世界大戦という最悪のものを子どもたちに与えてしまったのです。「ジュネーブ宣言」は、そのような人類の反省からつくられたものなのです。

　「ジュネーブ宣言」では、この「最善のもの」について、以下のようなものを挙げています。

　①子どもたちの「正常な発達」のために「必要な対処手段」を与えること。
　②困難な状況にある子どもたちに、必要な「保護・救援」を与えること。
　　―飢えた子どもには食料を、病気の子どもには治療を、教育を受けられない子ども・発達の遅れた子どもには教育と援助を、孤児・浮浪児には住居と教護を、非行を犯した子どもには矯正を与えること。
　③危機に際しては、子どもは最優先に救助されるべきこと。
　④子どもを搾取から守り、自立への道へと指導すること。
　⑤子どもがもつ能力を、すべての人類のために役立てられなければならないということ。

　このような考え方に基づき、子どもたちにそのような権利をしっかりと認めて、子どもたちに最善のものを与えましょうと宣言したのが「ジュネーブ宣言」だったのです。

3.「子どもの権利宣言」から「子どもの権利条約」へ

　しかしながら、人類の歴史は、第二世界大戦によって、ふたたび多くの子どもたちを犠牲にしてしまったのでした。またもや子どもたちに、戦争という"最悪なもの"を与えてしまったのでした。

　そのことの反省から、戦後1948年に「世界人権宣言」が国際連合において採択され、その第26条には「教育への権利」が明記されました。ここでは、①すべての人は教育への権利を有する。②教育は、人格の全面的な発達ならびに人権および基本的自由の尊重の強化を目的としなければならない、とされました。ここには、すべて人間（子ども）は、教育への権利をもち、教育を受けることによって自らの権利を行使できるような主体として発達していくのだという考え方が基底になっています。

　このような、子どもたちに最善のものとしての「教育」を与える（保障する）という考え方は、日本国憲法の第26条の「教育を受ける権利」の考え方と共通のものであると言えます。じつは日本国憲法は、この「世界人権宣言」よりも先に制定されているのです。そういった意味で、日本国憲法の「教育を受ける権利」という考え方は、先進的であり、世界の人権思想の流れと同時的・普遍的なものであると言えるでしょう。

　そして1959年には「児童（子ども）の権利宣言」が、国連総会で満場一致で採択されます。これは、第二次世界大戦で子どもたちの権利を守ることができなかった反省から、戦前の「ジュネーブ宣言」の理念と「世界人権宣言の理念・原則に基づき、もう一度しっかりと子どもの権利を保障していくための国際的な権利宣言としてつくられたものです。

　この宣言で重要なところは、ジュネーブ宣言時代にみられた子どもを保護の対象とする子ども観を一歩進めて、子どもを人権主体として捉え、世界人権宣言における人権条項を積極的に子どもにも適用しようとしているところです。子どもを、単に「権利享有の主体」としてだけでなく、「権利行使の主体」として捉え、自分がもっている権利をしっかりと行使できる主体として育てていく、成長させていくことが、子どもの人権を保障するための"最善のもの"であるという「子どもの権利観」の進展があります。

　1979年には「国際児童（子ども）年」というものが世界的に取り組まれました。当時日本でも人気ロックグループだったゴダイゴが「ビューティフル・ネーム」という曲を、国際児童年のテーマソングとして歌っていました。たしかこの歌は、子どもたち一人ひとりが名前をもっているように、一人ひとりが生きる権利をもっているのだという意味の歌詞だったように思います。この「国際児童年」は、「子どもの権利」というもの、その理念と内容を、より広めて普遍化していこうという年だったのです。

　その頃から、「子どもの権利宣言」を「条約化」しようという動きが始まりました。「宣言」というのは、「〜しましょう」ということで、そのような動きや取り組みを世界各国に勧めるものであっても、強制力があるわけではありません。それに対して、「条約」というのは、これを批准した国に対しては法的拘束力をもつものなのです。

　「子どもの権利宣言」を「子どもの権利条約」とすることで、これを批准した世界の国々が、この条約に規定された「子どもの権利」をしっかりと守り・保障していくことへの強制力をもたらすということが目指されたのでした。

　そして、この「国際児童年」から10年かけて、「子どもの権利宣言」の条約化のための検討・審議の作業が進められ、1989年11月20日に「子どもの権利条約」が、国連総会で満場一致（159カ国）で採択されたのでした。

4.「子どもの権利条約」の成立
——子どもの生命・生存・発達の権利を保障する

　この「子どもの権利条約」については、皆さんも今まで小学校・中学校・高校の授業や、いろいろな場面で学習してきていると思います。ただ、「子どもの権利条約」という言葉は聞いたことはあるけども、その内容、どのような条文があって、どのようなことが書かれているのかについて、詳しく知っている人は少ないのではないでしょうか。是非とも、この機会にインターネットで検索して調べてみたり、図書館で関連の本などを探して読んでみてください。

　まず知ってほしいのは、「子どもの権利条約」は、これを批准した国に対して、人権としての子どもの権利の法的・行政的な保障を義務付けているものであるということです。このところが、それまでの「子どもの権利宣言」とは大

きく違っているところなのです。日本は1994年に「子どもの権利条約」を批准していますので、当然、この条約を守って、日本国内の子どもの権利の保障をすることが義務付けられています。

　「子どもの権利条約」は、かつての「ジュネーブ宣言」でうたわれていた「人類は児童に対して最善のものを与える義務を負うものである」という理念を継承して、第3条において「児童に関するすべての措置をとるに当たっては、公的もしくは私的な社会福祉施設、裁判所、行政当局又は立法機関のいずれによって行われるものであっても、児童の最善の利益が主として考慮されるものとする」としています。

　このように、「子どもの権利条約」は、人類がそのもてる最も優れたものを子どもたちに与え、子どもを最優先し、子どもを最大限尊重することを、条約の締約国の大人たち（国・政府・関係機関・親または法的に責任を負うその他の者）に義務付けているのです。

　この条約が国連で採択された後、この条約は、発展途上国などで貧困や飢餓、栄養不良や病気など「きわめて困難な状況の下で生活している子どもたち」の生存・保護・発達を保障するためのもので、日本では、ほとんどの子どもたちは、栄養や衛生、教育をはじめとする権利は保障されていると言われていました。

　たしかに、このような「きわめて困難な状況の下で生活している子どもたち」が世界のすべて国に存在している」という現実があります。そういった子どもたちに対しての保護・救済・救助・ケアによって、彼らの生命・生存・発達の権利を保障していかなければなりません。とりわけ発展途上国の子どもたちへの生活条件を改善することによって、乳児死亡率を低下させること、飢餓・貧困から救済することは緊急の課題となっています。

　「子どもの権利条約」の第6条では、「1　締約国は、すべての児童が生命に対する固有の権利を有することを認める。2　締約国は、児童の生存及び発達を可能な最大限の範囲において確保する」とし、さらに第24条「健康および保健医療ケアに対する権利」、第22条「難民の子どもの保護・救助」などの条文によって、「きわめて困難な状況の下で生活している子どもたち」の生命・生存・発達の権利を保障しています。

　さらに、すべての国の子どもたちが人間らしく生き、すこやかに成長・発達できるような環境や条件を整備するために、「子どもの権利条約」では、「家庭環境への権利」（第 8 ～ 11 条）、「社会保障」（第 26 条）、「生活水準への権利」（第 27 条）、「教育への権利」（第 28 条）、「遊び・文化への権利」（第 31 条）などが明記され、保障されています。

　「子どもの権利条約」では、このような子どものたちの生命・生存・発達の権利を保障するために、締約国に対して、そのための立法措置及び行政措置をとることを義務付けているのです。

5.　子どもを権利行使の主体として捉える——参加と市民的自由の権利

　「子どもの権利条約」は、たんに子どもを保護・救済の対象として、権利享有の主体としてだけではなく、自らの権利を行使する固有の人格主体（権利行使の主体）として捉える見地から、子どもの精神的・内面的発達と人間的自由の確保のために「子どもの意見表明権」をはじめとする市民的自由権を認め、これを保障するという、それまでの子ども観・権利観を大きく転換させた内容になっています。

　具体的には、「子どもの権利条約」第 12 条では、「締約国は、自己の意見を形成する能力のある児童がその児童に影響を及ぼすすべての事項について自由に自己の意見を表明する権利を確保する」として、子どもの意見表明権を明記し、保障しています。

　このように「子どもの権利条約」では、子どもにも大人と同じような市民的な自由権を保障すべきだとして、「表現・情報の自由」（第 13 条）、「思想・良心・宗教の自由」（第 14 条）、「結社・集会の自由」（第 15 条）、「プライバシー・通信・名誉の保護」（第 16 条）、「マスメディアへのアクセス」（第 17 条）などが明記され、保障されています。

　子どもが子どもだからという理由で人権が制限されるのではなく、年齢と発達段階に相応して積極的に人権を保障し、市民的な自由権を行使する機会の保障を方向づけています。

　子どもの「意見表明権」や市民的な自由権を保障するということについて、

「子どもに好きなことをやらせる・言わせる」と「子どもが好き勝手・ワガママになる」というように捉えてしまう人たちがいますが、けっしてそうではありません。

　自分の意見を表明する権利や市民的な自由権というものは、大人になったところで突然行使できるようになるものではありません。子どもの時から、そのような権利を行使する機会を与えられ、そのような権利を行使する中で、行使する能力を獲得していくのです。

　子どもが自己の見解をしっかりともつことができ、それをきちんと表明できるような能力を身に付けることができるように、子どものうちから意見表明権をはじめとする市民的自由権を行使させていきながら、権利行使主体へと成長・発達させていくことが重要なのです。そのためにも、子どもたちの成長・発達の権利、学習の権利・参加の権利が保障されることが必須なのです。

　そういった意味で、子どもを権利行使の主体として捉え、育てていくためには、大人（親・教師など）がどのように子どもを捉え、関わっていくのかが非常に重要になっていきます。

　「子どもの権利条約」の第5条では、「締約国は、児童がこの条約において認められる権利を行使するに当たり、父母もしくは子どもに法的責任を有する者が、その児童の発達しつつある能力に適合する方法で、適当な指示および指導を与える責任、権利及び義務を尊重する」として、親や教師などの「指示（direction）と指導（guidance）」の責任と権利と義務の重要性を明記しています。

　子どもたちが、自らの権利を行使する主体となるためには、彼ら自身がどんな権利をもっているのかを知ることと、それを行使するためにはどのような能力が必要なのか、そして、それをどのように行使するのかを彼ら自身が知ることが必要であり、それを大人（親や教師）たちが適切に子どもたちに指示・指導していくことが重要であると思います。

6.　子どもの権利条約の思想

　「子どもの権利条約」の理念を実現するためには、その条文の内容を読んで理解するだけでは不十分です。「子どもの権利」というものが、歴史的にどの

ように見出され形成されてきたのか、それが国際的に普遍的な人権として保障されなければならないものとして認められてきたのか。「宣言」から「条約」となることで、具体的に実現されなければならないことは何なのかを、しっかりと理解する必要があります。それは、ある意味、「子どもの権利条約の思想」を理解するということです。そのポイントは四つあると思います。

　一つめは、「子どもの権利」というものは、大人が子どもに与えるものではなく、最初から子どもがもっているものであることに彼ら自身に気付かせること、そしてその権利について知り（学習し）、それを彼ら自身が行使できるようにしなければならないことです。

　二つめは、子どもが子どもらしく人間らしく生きていくために、まずは大人たちが、子どもの生命・生存・発達の権利をしっかりと保障しなければならないこと。そのためには、子どもたちに人類の最善のもの（環境・栄養・衛生・教育・文化など）を与えなければならないことです。

　三つめは、子どもが大人になるためには、大人と同じような参加と市民的自由の権利を認め、子どもが自らの権利を行使できるよう成長・発達させていかなければならないこと。そのためには、子どもたち自身が主体的に自分の意見を表明したり、活動に参加したりする機会を与え、その過程のなかで彼ら自身が権利行使の主体として成長・発達していく権利を保障していくことです。

　四つめは、子どもたち自身が権利行使の主体として成長・発達していくためには、国や大人（親・教師）の側に、その条件を整える責任と義務があること。特に、親と教師には、彼らを権利行使の主体として育てるための指示と指導する責任・権利・義務があるということです。

　「子どもの権利条約時代」を生きる私たちは、子どもも大人も、このような「子どもの権利条約の思想」をしっかりと理解していく必要があると思います。

ブックガイド

喜多明人（1990）『新時代の子どもの権利』エイデル研究所
喜多明人（1995）『新世紀の子どもと学校　子どもの権利条約をどう生かすか』エイデル研究所
教育科学研究会編（1991）『子どもの権利条約　学校は変わるのか』国土社

第4章
子どもの権利条約と日本

　「子どもの権利条約」が国連で採択されたのは1989年ですが、日本がこの条約を採択したのは5年度の1994年でした。これは世界では156番目になります。この条約を批准した国は、この条約に違反している法律があれば改正または廃止し、条約を実現するために新しい法律が必要な場合は、その法律をつくらなければならないことになります。また行政における施策においても、この条約に従って行わなければならないのですが、はたしてこの30年間ちかく、日本は何をしてきたのでしょうか。

キーワード

国際条約の法的拘束力、子どもの権利委員会、最終所見、極度に競争的な教育体制、条約の広報義務

1.「子どもの権利条約」と日本

　「子どもの権利条約（児童の権利に関する条約）」は1989年11月20日に国連総会において、全会一致で採択されました。多くの国々がすみやかに、この条約を批准しましたが、日本は採択されてから5年後の1994年に批准しました。これは世界では156番目になります。なぜ、日本は批准するまでに、そんなに時間がかかったのでしょうか。

　当時、日本国内でよく言われていたのが、「子どもの権利条約」を批准して、日本の子どもたちの権利なんかを認めたり、保障したりしたら大変なことになるということでした。日本の子どもたちがワガママになる、好き勝手ことを言い始める、大人の言うことを聞かなくなる、やりたい放題になるなどでした。

　特に学校現場の教師たちの「子どもの権利」を認めることへの警戒感は強かったのです。そんなことになったら、子どもたちは教師の指導に従わなくなる、校則を守らなくなる、学校がめちゃめちゃになるという心配でした。日本の学校で校内暴力の嵐が吹きまくってから、まだ10年もたっていない頃でしたので、生徒たちが教師の言うことを聞かなくなることへのトラウマはまだ強く残っていました。

　ここで考えなければならないのは、本当に「子どもたちに権利を認める・保障する」＝「子どもたちがワガママになる・好き勝手なことを言う」ことなのかということです。ここには、「権利の行使＝自分だけの権益の主張」というような権利観と、子どもはまだ大人ではない（未熟である）から、黙って大人（親や教師）の言うことを聞いていればいいという子ども観があるように思います。

2.「子どもの権利条約」を批准しても、何も変える必要はない？

　日本政府は「子どもの権利条約」を1994年に批准し、5月16日付で公布しました。これによって、正式に日本はこの条約を遵守する義務を負うことになりました。

　「子どもの権利条約」の第4条では、「締約国は、この条約において認められる権利の実施ためのあらゆる適当な立法上・行政上およびその他の措置をとる」とあるように、この条約を批准した国は、この条約に違反している法律があれば改正または廃止し、条約を実現するために新しい法律が必要な場合は、その法律をつくらなければならないことになります。

　しかし、当時の日本政府の立場は「この条約の締結により我が国が負うことになる義務は、既存の国内法令で実施可能であり、この条約の実施のためには、新たな国内立法措置を必要としない」というものでした。つまり、条約の批准によっても、日本国内の法律の改正は必要ないということだったのです。

　当時の日本政府の考え方は、「子どもの権利条約」は、発展途上国の子どもたちの「生命・生存・発達の権利」を保障するためにつくられたもので、日本ではすでにこれらの権利は憲法をはじめとする法律で保障されているから国内

法の改正は必要ないというものだったようです。

　「『児童の権利に関する条約』について」という文部事務次官の通知（平成6年5月20日）では、条約の発効によって周知徹底と教育の充実を図ることを言いつつも、「教育関係について特に法令等の改正の必要はない」として条約批准によっても教育政策や学校の基本的なあり方は変更する必要はないとしていました。この通知は2022年度に改訂された文部科学省の『生徒指導提要』の「児童の権利の理解」のページにわざわざ記載されていることから、現在も文部科学省はこの立場をとっているものと考えられます。

　この文部事務次官通知の内容の要点は以下のようなものでした。

---

①児童生徒等に権利及び義務をともに正しく理解させる。

②教育目的を達成するために必要な合理的範囲で「校則」を定めることはできる。

③（子どもの意見表明権は）必ず反映させるということまでも求めているものではない。

④（君が代・日の丸の指導は）児童生徒が国民として必要とされる基礎的・基本的な内容を身に付けさせるために行うものであり、もとより児童生徒等の思想・良心を制約しようというものではない。

　「子どもの権利条約」を批准した日本は、本当に法律も行政も変える必要はないのでしょうか。本当に本気で「子どもの権利」を保障しようとするつもりがあったのでしょうか。

3.「子どもの権利委員会」への報告と審査

　「子どもの権利条約」の第43条には、「この条約において約束された義務の実現を達成することにつき、締約国によってなされた進歩を審査するために、子どもの権利に関する委員会を設置する」と明記され、この条約を批准した国が、きちんとこの条約を実施しているかどうかを監視・審査していく機関としての「国連・子どもの権利委員会」が設置されています。

　この「子どもの権利委員会」は、世界中から選ばれた18人の委員で構成され、年三回ジュネーブで会議が開催されています。この「委員会」は、条約を締結した国から定期的な「報告書」の提出を義務付けて、それを審査していきます。この「報告書審査」では、委員会と各国の政府代表が、子どもの問題でその国にどのような問題が生じているのか、子どもの権利がどの程度保障されているのか（いないのか）について検討・協議を行います。その際、政府からの「報告書」だけでなく、当該締約国の非政府組織（NGO）からも情報（報告）を受けます。この「委員会」では、各級の実施状況に関する問題点を特定し、最後に締約国に対する「最終所見」を採択します。

　日本政府は、これまで5回の「報告書」を提出して、それを「委員会」で審査されてきました。審査後に採択される「最終所見」において、その締約国の問題点の指摘と、その解決のために必要な措置の勧告が行われます。

　1998年6月5日に、第1回目の審査の最終所見が採択され、日本政府への勧告が行われました。そこでは、日本政府に対して、日本における「子どもの権利」の保障の現状に対して、以下のような厳しい指摘がなされました。

---

①極度に競争的な教育体制によるストレスのため、日本の子どもたちが発達上の障害にさらされている。

②そのため余暇・スポーツ活動および休息が欠如している。

③不登校の数が膨大である。

④学校において重大な暴力（いじめ・体罰）が頻発している。

　「子どもの権利委員会」は、日本の現状において以上のことが懸念され、競争的な教育制度が子どもの身体的・精神的健康に否定的影響を及ぼしていることに照らし、過度なストレス及び不登校を防止し、かつそれを克服するための適切な措置を取るべきこと、学校における暴力・いじめ・体罰を根絶するための包括的プログラムを開発すべきであり、人権教育を学校のカリキュラムに体系的な方法で取り入れること、その実施を綿密に監視すべきことを日本政府に勧告しました。

4. 第2回～第5回の報告書の提出と「最終所見」

　第2回目の日本政府の報告書の提出に対する審査の「最終所見」（2004年2月）では、第1回目に改善を求めた事項について、日本政府が十分な取り組みをしていないことが厳しく指摘され、わが国の法律・政策が「権利基盤型アプローチ」に合致するように改善を求められました。

　そこでは「子どもの権利委員会」は日本政府に対して、「社会における子どもに対する伝統的態度が、家庭、学校、その他の施設や社会全体において、子どもの意見の尊重を限定的なものにしていることを引き続き懸念する」「子どもに影響する全ての事項、家庭、学校などにおいて、子どもの意見の尊重と子どもの参加を促進し、助長するとともに、子どもにこの権利を確実に認識させること」などを勧告しました。

　第3回目の日本政府の報告書の提出に対する審査の「最終所見」（2010年6月）では、国内法では条約の原則及び規定と合致しない側面が依然として存在することが指摘され、子どもの権利に関する包括的な法律の制定を検討するよう求めています。

　そこでは「子どもの権利委員会」は日本政府に対して、「学校が児童の意見を尊重する分野を制限していること、政策立案過程において児童が有するあらゆる側面及び児童の意見が配慮されることがほとんどないことに対し、引き続き懸念を有する。委員会は、児童を、権利を有する人間として尊重しない伝統的な価値観により、児童の意見の尊重が著しく制限されていることを引き続き懸念する」と厳しく勧告しています。

　2019年1月には第4回・第5回の日本政府の報告書の提出と審査が行われ、2月には「最終所見」が公表されました。

　ここでは「子ども期」、「意見表明権」、「子どもの保護」についての三つの基本的な勧告がなされました。

　①「子ども期」：競争的な社会から「子ども期」を守り、「子どもがその子ども期を享受する」ことを確保するのに必要な措置をとるべきこと。

　②「意見表明権」：子どもの意見表明権を「可能にする環境」を提供し、かつ教育や家庭などのあらゆる育ちの場面で、子どもにとって「意義があ

り」、子どもの「力を伸ばすような」参加を積極的に促進すること。

③「子どもの保護」：「子どもの保護に関する包括的な政策」を発展させること。特に、1. 子どもの自殺、2. 安全基準の確立、3. 子どもの虐待、4. 性的搾取、5. 体罰（家庭を含む）、6. 思春期のメンタルヘルス、7. 性と生殖に関する健康、8. 環境的健康（福島原発事故問題）

この「最終所見」においても、これまで指摘されてきた問題のほとんどが引き続き取り上げられており、「深刻な懸念」が表明されています。

「子どもの権利委員会」は日本政府に対して、子どもの保護にとどまらず、子どもの意見表明・参加の保障および推進を含めた権利基盤の基本政策を策定するとともに、条約の実施の調整・監視を主たる任務とする機関を設置することを強く求める勧告を行っています。

5. 条約の広報義務

「子どもの権利条約」の第42条では、「締約国は適当かつ積極的な方法で、この条約の原則及び規定を成人及び児童のいずれにも広く知らせることを約束する」として、締約国の国民と子どもへの広報を義務付けています。

日本政府が条約を批准した当時、外務省は、条約の訳文をのせたポスター形式の資料を作成し、全国の小学校・中学校・高校に配布しました。1994年5月には9万部を配布し、2005年3月に2万部を、2001年3月には7,000部を配布して、現在品切れ中だそうです。

同時に教室に張り出すためのポスターも作って配布しましたが、このポスターには、条約の名称以外には「権利」という言葉はまったく使われず、そのかわりに「大人も子どもも、地球に住む仲間として、まわりの人たちのことを考え、道徳を守ることが必要です」と書かれていて、いったい何のポスターなのかよく分からないものになっています。

当時、学校現場では、どれだけ「子どもの権利条約」のことを児童生徒たちに伝えて（教えて）いたのでしょうか。中学校や高校の社会科（公民科）の教科書の中には「子どもの権利条約（1989年採択、1994年批准）」ということは記述され、授業の中で扱われることもありますが、その条文の内容や、その基本

的な理念・精神についてはどこまで、どのように教えられているのでしょうか。

　「子どもの権利条約」が採択されて30年以上たちましたが、この間、日本政府も日本の学校も、積極的に日本の子どもたちに（国民にも）「子どもの権利条約」について、きちんと伝え（教え）てきたようには思えません。

---

①権利は知らなければ、行使できない。

②権利は行使しなければ、保障されない。

③権利は知ることで、行使することができるようになる。

④権利を行使することで、行使する主体になることができる。

　「子どもの権利条約」の理念を実現し、日本の子どもたちに「子どもの権利」を保障していくためには、まずは条約の第42条に基づいて、しっかりと日本の国民と子どもたちに「子どもの権利条約」の内容と理念・思想を伝える・教える（広報する）ことが必要であり、それは条約を批准した国の義務であるのです。

6. 子どもの権利と子どもの権利条約は、日本に定着したのか？

　「子どもの権利条約」を批准して29年（採択されてからは34年）がたちましたが、「子どもの権利条約」の理念と内容は、日本に定着したのでしょうか。政府や文科省の見解では、「日本の子どもたちは、すでに十分に保護・ケアされ、教育も保障されている」とされているようですが、本当にそうなのでしょうか。日本の子どもたちには、本当に「子どもの権利」がきちんと保障されているのでしょうか。

　2019年に国連NGOセーブ・ザ・チルドレンが、15歳から17歳までの子どもと、80代までの大人を対象に行った「子どもの権利条約の認知度」についてのアンケート結果があります。これによると、「子どもの権利条約」について、「聞いたことがない」と答えたのは、子どもが31.5％、大人が42.9％で、「内容までよく知っている」と答えたのは、子どもが8.9％、大人が2.2％でし

た。この結果からも、「子どもの権利条約」についての認知度は、日本では非常に低いことが示されました。

　「子どもの権利」が「尊重されている」と答えたのは、子どもが18.7%、大人が31.0%で、「尊重されていない」と感じている子どもが30%以上いることが示されていました。

　さらに、80%以上の子どもと大人が、「守られていない子どもの権利」があると感じていることも示されていました。特に多かったのは「親からの暴力やひどい扱いから守られること（第19条）」で、子ども50.8%、大人56.9%でした。次に多かったのは「人種・性別・宗教・障害・貧富の差・考え方などによって差別されないこと（第2条）」で、子ども46.7%、大人37.4%でした。「子どもに関わるすべての活動において、子どもの最善の利益が第一に考えられること（第3条）」も、子ども36.7%、大人28.5%でした。「子どもにとって大切だと思う権利は」では、子どもの63.5%が「生きること・育つこと（第6条）」を選び第一位でした。

　このようなアンケート調査の結果から見ても、「子どもの権利条約」を日本が批准して29年がたっているにもかかわらず、その認知度は非常に低く、また日本では「子どもの権利」が尊重されていない、守られていないと感じる子どもも大人も少なくないことは明らかです。国際条約である子どもの権利条約を批准した日本が、その理念を実現していくためには、なによりもまず、その内容と意味とを、しっかりと日本の国民（子どもと大人）に伝えていかなければならないと思います。

ブックガイド

堀尾輝久（1986）『子どもの権利とはなにか』岩波書店
永井憲一編（1995）『子どもの権利条約の研究（補訂版）』法政大学出版局
子どもの権利条約 市民・NGO報告書をつくる会編（1997）『"豊かな国"日本社会における子ども期の喪失』花伝社
子どもの権利条約 市民・NGO報告書をつくる会編（1999）『子ども期の回復』花伝社
世取山洋介（2011）『国連子どもの権利委員会「第3回最終所見」の生かし方』子どもと教育・文化・道民の会

第5章
子どもの権利条約時代の教育

　21世紀は「子どもの権利条約の時代」だと言われています。けれど
も、本当に世界では、そして日本では、子どもたちの権利がしっかり
と保障されるようになっているのでしょうか。いまだに戦争や内乱、
貧困や飢餓で困難な状態におかれている子どもたちは少なくありませ
ん。21世紀を子どもたちの権利がしっかりと保障され、子どもたちが
安心して生き生きと育ち・学んでいくことができるような「子どもの
権利条約時代」とするために、わたしたちは何をしなければならない
のでしょうか。

キーワード

子どもの権利条約時代、権利行使の主体、学習する権利（学習権）、ユネスコ学習権宣言、参
加する権利（参加権）、指示および指導（direction and guidance）、子どもの権利条例、こども
基本法

1. 「子どもの権利条約時代」

　21世紀は「子どもの権利条約の時代」だと言われています。「子どもの権利
条約」が1989年に採択されてから34年、日本政府が批准した1994年から29年
がたちましたが、本当に世界では、そして日本では、子どもたちの権利がしっ
かりと保障されるようになっているのでしょうか。

　2022年、ロシアのウクライナ侵略によって、多くの子どもたちが戦火に巻
き込まれ、避難を余儀なくされたり、傷ついたり命を奪われています。その他
の国や地域でも紛争や内乱、あるいは自然災害などで、多くの子どもたちが困
難な状態に置かれています。

　日本でも、家庭での虐待や学校でのいじめに苦しんでいる子どもや、教師による不適切な指導や体罰によって心や身体を傷つけられたり、理不尽で不合理な校則で嫌な思いをしている子どもたちがいます。格差社会の広がりによって、経済的な理由から学ぶ機会を失ったり、進学することをあきらめる子どもたちも少なくありません。

　21世紀を子どもたちの権利がしっかりと保障され、子どもたちが安心して生き生きと育ち・学んでいくことができるような「子どもの権利条約時代」とするために、わたしたちは何をしなければならないのでしょうか。

2.　子どもの権利を伝える（知らせる）こと

　「権利」は知らなければ、それを行使することはできません。

　そして、「権利」は行使することができなければ、十分に保障されることはありません。

　したがって重要なのは、まずは大人自身が、子どもたちがどのような権利をもっているのか、行使できるのかについて、しっかりと知ることと、子どもたちにそれを伝える（知らせる）ことです。

　「子どもの権利条約」の第42条では、「<u>この条約の原則および規定を、適当かつ積極的な手段により、大人のみならず子どもにも広く知らせることを約束する</u>」として、子どもの権利とこの条約についての内容を知らせること（広報）を締約国に義務付けています。

　しかしながら、この間、日本政府は積極的に「子どもの権利条約」について、それを国民や子どもたちにしっかりと知らせようと広報活動を行ってきたようには思えません。教科書には「子どもの権利条約」についての記述は載っていますが、いまだに学習指導要領には一行の記述もありません。学校の生徒指導の基本文書といわれる『生徒指導提要（改訂版）』に「子どもの権利条約」についての記述が掲載されたのは条約を批准してから28年後の2022年であり、それもわずか1頁足らずの乏しい内容でした。

　なによりもまず、子どもの権利を子どもに知らせるべき大人（親・教師）たちが、しっかりと「子どもの権利条約」について知ること、学ぶこと、理解す

ることが重要です。そのための知る機会・学ぶ機会を、国や文科省は、より積極的につくっていく必要があります。また、大人（親・教師）たちも、「子どもの権利条約」について、様々な機会を通して、しっかりと知り・学んでいかなければなりません。

　その上で、子どもたちに、子どもの権利と子どもの権利条約について、様々な機会を通して、しっかりと伝え・知らせていくことが必要です。

3. 子どもに権利行使の主体としての能力を育てていくこと

　権利は、それを知り、それを行使していくことで保障されるようになっていきます。しかし、権利を行使する能力は、子どもから大人になったとたんに身に付くというものではありません。権利を行使する能力は、じっさいに権利を行使していく中で、徐々に身に付いていくものなのです。

　「子どもの権利条約」は、子ども自身を「権利行使の主体」として捉え、「18歳になって、突然権利行使の主体に変身するのではなく、段階的に、つまり徐々に自立できるように教育的配慮を行い、人権全体の行使主体として完成させるという考え方」（河内徳子）に立っています。

　「子どもなのに」とか「子どものくせに」というような態度で、子ども自身の権利の行使を認めずに、子どもはただ大人の言うことを聞いて従っていればよいのだという考え方ではなく、子ども自身が、自分の権利をしっかりと行使できるような主体となるように「育っていく権利」を保障していくという考え方なのです。

　子どもが18歳（大人）になるまでに「権利行使の主体」としての能力を、しっかりと身に付けることができるためには、子ども自身を「権利行使の主体」として認め、じっさいに権利行使をさせていきながら、その能力を身に付けさせていくことが必要なのです。

　子ども自身が「権利行使の主体」として育っていくために必要な能力とは、「学習する能力」と「参加する能力」です。そして、そのような能力を身に付けていくためには、子どもたちの「学習する権利」と「参加する権利」を保障していかなければなりません。

4.「学習する権利（学習権）」を保障すること

　「学習する権利（学習権）」とは、子どもの成長と発達を保障するために、教育を受けつつも、子どもたち自身に能動的に学習する主体、学習者としての権利があるということを意味しています。

　学校に行って教育を受けることを保障する権利は「教育を受ける権利」と呼ばれ、これは「子どもの権利条約」の第28条でも、さらに「日本国憲法」の第26条にも明記され保障されているものです。日本では義務教育（小学校中学校）はほぼ100％、高校進学率も98％以上、大学進学率も50％を超えています。しかし、多くの子どもたちが、学校に行けるということだけが、「教育を受ける権利」を保障したことになるのでしょうか。たんに、学校に通えるということだけでなく、その学校でどのような教育を受けることができるのかも問われなければなりません。

　「国連子どもの権利委員会」からは、日本では「極度に競争的な教育体制」によって子どもたちの身体的・精神的健康に否定的な影響を及ぼしていることが指摘され、学校での教育の内容や「いじめ・不登校・体罰」の問題への適切な措置を求めています。はたして、いま日本の学校における「教育」は、子どもの成長と発達の権利が十分に保障されているのでしょうか。子どもたちの尊厳（人格）が十分に尊重されているのでしょうか。子どもたちに権利行使の主体としての能力を身に付けさせているのでしょうか。

　「子どもの権利条約」の第29条では、教育の目的は「子どもの人格、才能ならびに精神的および身体的能力を最大限まで発展させること」「人権および基本的人権の尊重ならびに国連憲章に定める諸原則の尊重を発展させること」と明記し、子どもの「教育への権利」を保障しています。

　子どもたちを権利行使の主体として育てていくためには、学校で子どもたちに「教える」だけでなく、子どもたち自身が主体的に「学ぶこと」が重要であり、そのための「学ぶ能力」を育て、身に付けさせていかなければなりません。それのような「教育への権利」を保障することが、子どもたちに「学習する権利（学習権）」を保障することになるのです。

　「ユネスコ学習権宣言」では、「学習権とは、読み書きの権利であり、問い続

け、深く考える権利であり、想像し、創造する権利であり、自分自身の世界を読み取り、歴史を綴る権利であり、あらゆる教育の手立てを得る権利であり、個人的・集団的力量を発達させる権利である」とされています。

このように「学習する権利（学習権）」とは、すべての人間がもつ基本的人権であり、自ら権利行使の主体として成長・発達していき、人間らしく生きていくために必要不可欠な権利なのです。

5. 「参加する権利（参加権）」を保障すること

子どもたちが「権利行使の主体」となるためには、実際に権利を行使する機会を与え、権利を行使する経験をもたせること（権利行使への参加）が必要です。

「子どもの権利条約」では、「権利行使の主体」としての能力を獲得するために、権利行使へ「参加する権利（参加権）」として、「意見表明権（第12条）」や「市民的自由の権利（第13〜17条）」が位置づけられています。このような「参加する権利（参加権）」を行使することによって、子どもたちに、権利を行使するにふさわしい能力を身に付けさせていくのです。

「子どもの権利条約」の第12条では、①自己の意見をもつ能力のある子どもは、自己に影響を与える問題のすべてに関して、自己の意見を自由に表明する機会を有する（意見表明権）、②子どもの意見は年齢・成熟に応じて、正当に考慮・重視される（子どもの意見の重視）、③司法・行政手続きにおいて、子どもに聴聞の機会が与えられる（聴聞の機会の保障）が明記され、子どもの「意見表明権」が保障されています。

また、「子どもの権利条約」では、子どもたちがもつ「市民的自由の権利」として、第13〜17条において、①表現・情報の自由、②思想・良心・宗教の自由、③結社・集会の自由、④プライバシー・通信・名誉の保護、⑤メディアへの情報アクセスなどが明記され、保障されています。

このような「参加する権利（参加権）」の行使によって「権利行使の主体」としての能力を身に付けるためには、子どもたちを「自己決定の主体」として捉え、子ども一人ひとりが、自己にかかわる問題に自ら関与し、自ら自律的に

決定しうる能力（自己決定能力）をもつ自己決定主体として成長・発達していくことを保障しなければなりません。そのような「自己決定能力」を身に付けさせるためには、子どもたちに自己決定の機会を与え、実際に自己の責任において決定する経験をもたせること（自己決定への参加）が必要なのです。

6.「子どもの権利条約時代」の教育とは

　21世紀を「子どもの権利条約時代」とするためには、子どもたちの権利がしっかりと保障され、子どもたちが安心して生き生きと育ち・学んでいくことができるような「教育」を実現していかなければなりません。

　それは、子どもたちが「権利行使の主体」として育っていくために必要な能力である「学習する能力」と「参加する能力」を身に付けていくために、子どもたちの「学習する権利」と「参加する権利」を保障し、子ども自身を「権利行使の主体」として認め、じっさいに権利行使をさせていきながら、その能力を身に付けさせていくことができる「教育」だと思います。

　「子どもの権利条約」の第5条では、「締約国は、児童がこの条約において認められる権利を行使するに当たり、父母もしくは子どもに法的責任を有する者が、その児童の発達しつつある能力に適合する方法で、適当な指示および指導（direction and guidance）を与える責任、権利及び義務を尊重する」として、子どもの権利行使のために、大人（父母および教師など子どもに法的責任を有する者）の「指示および指導（direction and guidance）」の責任と権利と義務の重要性を明記しています。

　ここでいわれている大人（父母および教師など子どもに法的責任を有する者）の「指示および指導（direction and guidance）」とはどのようなものなのでしょうか。

　一般的には、「指示（direction）」とは、好ましくない方向に行かないように適切に方向付けることであり、「指導（guidance）」とは、適切な場所に案内することとされています。

　ここでの「適切な方向付け」をして案内する「適切な場所」とは、「子どもの権利条約」において認められている権利を子どもたちに保障し、それらを行

使できるようにする（権利行使主体とする）ということではないでしょうか。

　「子どもの権利条約時代」における、大人（父母および教師など子どもに法的責任を有する者）の「指示と指導（direction and guidance）」とは、①子どもの最善の利益を目指すべきものとしての「指示と指導」であり、②子どもが権利を行使に対するにあたっての「指示と指導」であり、③子どもの発達しつつある能力に適合する方法での「指示と指導」であり、④子どもが「権利行使の主体」としての能力を身に付けるような「指示と指導」をするということです。

　このようなことから、「子どもの権利条約時代」の「教育」とは、子どもの権利を保障する「教育」であり、子どもを権利行使の主体として育てる「教育」であり、そのために必要な「学習する能力・参加する能力」を育てるための「指示と指導（direction and guidance）」を大人（親や教師たち）が行うことによって、子どもたちが教育を受けることによって人間らしく成長・発達していくことを保障していくという「教育」なのであるといえるでしょう。

7.「子どもの権利条約時代」の実現のために

　「子どもの権利条約」を日本が批准したのは1994年ですが、その後、日本で最初の「子どもの権利条例」を制定した自治体は川崎市（2000年公布・2001年施行）です。そして、二番目に条例を制定したのは北海道の奈井江町（2002年公布・2003年施行）でした。以後、2022年までに62の自治体が「子どもの権利に関する総合条例」を制定しています。北海道だけでも芽室市、札幌市、幕別市、北広島市、士別市が条例を制定しています。条例の内容や構成は、それぞれの自治体で違いはありますが、基本的には子どもの権利についての理念、それを保障する責務、参加や救済の仕組み、施策の推進や検証等を規定しています。さらに多くの自治体の条例では、子どもの参加や意見表明に関する規定を置いています。また、「子どもの権利に関する総合条例」ではなく、子どもの権利の救済のためのオンブズマンや権利擁護委員会等の設置に関する条例を制定している自治体もあります。

　そして2022年、国会では「子ども家庭庁」をつくる法案が可決され、2023年4月より動き出します。これは国の子どもをめぐる政策、児童虐待や子ども

の貧困、ひとり親支援、保育行政などの分野を総合的に担当する、新しい庁として設置されるものです。

　同じく2022年6月には「こども基本法」が成立し、2023年4月1日に公布されます。この法律は、子どもの権利を保障する総合的な法律とされるものです。日本は「子どもの権利条約」を批准した際には、今ある法律で十分子どもの権利は守られているという見解によって、新たに子どもの権利を明記した法律をつくろうとはしませんでした。しかし、数度にわたる「国連・子どもの権利委員会」の「最終所見」による厳しい指摘を受けて、批准から30年ちかくたって、ようやく「子どもの権利」を保障するための総合的な法律を制定することになったのでした。

　この法律の目的は第1条に以下のように明記されています。

　第1条　この法律は日本国憲法及び児童の権利条約に関する条約の精神にのっとり、次代の社会を担う全てのこどもが、生涯にわたる人格形成の基礎を築き、自立した個人としてひとしく健やかに成長することができ、心身の状況、置かれている環境等にかかわらず、その権利の擁護が図られ、将来にわたって幸福な生活を送ることができる社会の実現を目指して、社会全体としてこども施策に取り組むことができるよう、こども施策に関し、基本理念を定め、国の責務等を明らかにし、及びこども施策の基本となる事項を定めるとともに、こども政策推進会議を設置すること等により、こども施策を総合的に推進することを目的とする。

　また、この法律の基本理念としては以下の六つが挙げられています。
①全てのこどもが、個人として尊重され、基本的人権が保障され、差別的取り扱いを受けない。
②全てのこどもが、適切な養育、生活の保障、保護をされて健やかな成長をし、権利が保障される。教育を受ける機会が等しくある。
③全てのこどもについて、年齢や発達の程度に応じて、意見を表明する機会、社会的活動に参画する機会が保障される。
④全てのこどもについて、年齢や発達の程度に応じて、その意見が尊重さ

れ、最善の利益が優先して考慮される。

⑤こどもの養育は家庭を基本とし、保護者に第一義的責任があるとの認識の下、十分な支援を行う。家庭養育が困難な場合はできる限り家庭と同じ養育環境を確保する。

⑥家庭や子育てに夢をもち、子育てに伴う喜びを実感できる社会環境を整備する。

どれも「子どもの権利」を保障するために大切なことばかりですが、特に「子どもの意見を表明する機会が保障される。意見が尊重される」という「子どもの意見表明権」の保障が、日本の法律に初めて明記されたことは画期的なことです。今後の日本の子どもに関する施策や教育については、この基本理念を踏まえて行われなければなりません。

日本における「子どもの権利条約時代」は、ここから始まるのかもしれません。

ブックガイド

河内徳子（1990）『人権教育論』大月書店
竹内常一（1991）『「子どもの権利条約」から学校をみる』労働旬報社
竹内常一（1993）『日本の学校のゆくえ』太郎次郎社
竹内常一（1994）『学校の条件　学校を参加と学習と自治の場に』青木書店
喜多明人他編著（1996）『子どもの参加の権利』三省堂

第2部
生徒指導の構造と起源

第6章
生徒指導とは何か
——リアル生徒指導

　「生徒指導」という言葉を聞いて、皆さんはどのようなイメージ（印象）をもたれるでしょうか。大学生の多くは「頭髪・制服検査（指導）」とか「厳しい・怖い・うるさい」というネガティブでブラックなイメージが強く、また「非行・問題行動を起こした生徒」が受ける指導であり、「できれば自分は受けたくない」と思い、そのような「指導」を受けないように学校生活を過ごしてきたという人も少なくないようです。皆さんが学校で実際に受けてきた「生徒指導」とはどのようなものだったのでしょうか。

キーワード

生徒指導のイメージ、リアル生徒指導、規律指導、特別指導、懲戒処分、不適切な指導、ブラック生徒指導

1. 大学生たちの「生徒指導（生活指導）」のイメージ

　教職課程を履修している大学生たちに、中学校・高校時代に受けてきた「生徒指導（生活指導）」のイメージ（印象）について、どのような言葉を連想するのかをアンケート調査したところ、結果は、第一位「頭髪（検査・指導）」、第二位「厳しい」、第三位「怖い」、第四位「服装（検査・指導）」、第五位「うるさい」、第六位「めんどくさい」、第七位「校則」でした。このほかには、「体育教師」「怒る」「礼儀・挨拶」「こまかい」「よびだし」「校門・玄関指導」「停学」「ピアス」「集会」「いじめ」「身だしなみ」「遅刻」「持ち物検査」「スカー

ト丈」「通学指導」などなどの言葉が挙げられていました。これらの傾向は毎年ほぼ変わることがなく、おそらく他の大学の学生に聞いてもほぼ同様のイメージ（印象）の言葉が出てくるのではないでしょうか。

　「私が受けていた生徒指導とは、服装頭髪を正すことだったり、学校の規則を守ることがほとんどだった」「自分が受けてきた生徒指導は登校時・下校時の自転車の乗り方についてや、集会で集合したら縦と横をしっかりと合わせること、女子はＹシャツだけで過ごさずにブレザーやベストを着用すること等の指導を受けました」「私は、頭髪検査や爪やスカートの丈をチェックされる「身だしなみ検査」のことを「生徒指導」だと思っていました」「生徒指導は高校の時に怖い先生がいるという印象が強くある。そして一年生の時はとても厳しいものであった。中学校との違いを見せつけられるような頭髪服装の検査であったり、スマートフォンの使用、授業のチャイムの前の着席など大変であったのを覚えている」（大学生のレポートから）

　ほとんどの大学生たちにとって「生徒指導（生活指導）」のイメージ（印象）は、圧倒的に「服装や頭髪などの校則（きまり・ルール）を守らせる指導」であり「非行・問題行動を起こした生徒への指導」であり、それに対して「厳しい・怖い・うるさい・めんどくさい・こまかい」というような非常にネガティブな印象を抱いているように思われます。

2.「生徒指導」を受けたことがない大学生？

　さらに、教職課程を履修している大学生たちに、児童生徒時代にどのような「生徒指導」を受けたことがあるのかという質問をしたところ、驚くべきことに多くの学生たちが「ほとんどない」と答えていたのでした。

　「私は中学校、高等学校を通して、生徒指導を受けたことはない。しかし、学校で生徒指導部が主体となって定期的に行う服装頭髪検査は強制参加だったので参加していた。他は特に受けておらず、生徒指導＝服装検

査、怖い先生というイメージしかない」「自分自身あまり目立った行動はとらず、問題も起こさない学生生活を送ってきました。なので、生徒指導はあまり受けてきた覚えはありません」（大学生のレポートから）

　彼らにとって「生徒指導」とは、「服装・頭髪などの校則やきまりを守らない生徒たち」や「非行・問題行動を起こす生徒たち」のような「特別な生徒」に対して、教師たちが行う「特別な指導」であると捉えられているように思われます。したがって自分のような「きまり・校則を守ってきた真面目な生徒」は、「生徒指導」というような「特別な指導」は受けたことがない（少ない）と感じているのではないでしょうか。

　さらに、講義の中で、文科省による「生徒指導」の定義（『生徒指導提要』2010年）では、「児童生徒の人格を尊重し、個性の伸長を図りながら、社会的な資質や行動力を高める」ものであり、「児童生徒の自己実現を図るための自己指導能力を育成するもの」となっていることを伝えるのですが、大学生たちは自分たちがもっている「生徒指導」のイメージと、この定義とのあまりの違いに大きな驚きととまどいを感じていました。さらには、そんな「（定義のような）生徒指導」は受けたことがないと答える大学生もいました。

　「文部科学省の示す「生徒指導」には「人格の尊重」「個性の伸長」などという言葉がありますが、私が見てきた生徒指導には、そんな要素はなく、むしろ反対のことをしていました。肩につく髪はしばる、前髪は目にかからないようにする、スカートはひざ下から〇センチ……どこに個性があるのでしょうか？」「私がこれまで感じていた「生徒指導」と、文科省の「生徒指導」の概念とのギャップがあり驚きました。人格を尊重し、個性の伸長を図る、そんなことを「生徒指導」で感じたことは一度もありません。校則や社会のルールを破った生徒を何人もの先生がきつく叱り、処分を決めているところしか見たことがありません」（大学生のレポートから）

　大学生たちがもっている「生徒指導（生活指導）」のイメージは、むしろ、「児童生徒の人格を傷つけ、個性を押さえ込み、自己実現を阻むようなもの」

として感じられているのではないでしょうか。なぜ大学生たちが抱いている「生徒指導（生活指導）」のイメージと、文科省の「生徒指導」の定義とは、これほどまでの違いがあるのでしょうか。

3. 教師たちの「生徒指導」のイメージ

一方、学校で実際に「生徒指導」を行っている教師たちの「生徒指導」のイメージとは、どのようなものなのでしょうか。

全国高校校長協会が2007年に実施した調査での「生徒指導上の課題」として挙げられているものは、第一位「服装指導」、第二位「登下校指導」、第三位「基本的生活習慣の確立」、第四位「頭髪指導」、第五位「喫煙・飲酒の防止」、第六位「授業規律の確立」となっており、大学生たちの「生徒指導」のイメージとそれほど大きな差がないように思われます。

よく現場の教師たちの会話の中で出てくるのは、「生徒指導」が大変な学校（学級）と大変ではない学校（学級）があるということです。「生徒指導」が大変な学校（学級）というのは、児童・生徒が「校則やきまり」を守らず、非行・問題行動が頻発する学校（学級）ということです。逆に、「生徒指導」が大変ではない（楽だ）という学校（学級）というのは、児童・生徒が「校則やきまり」をきちんと守り、教師の指導に素直に従う学校（学級）であるということです。

もうひとつ、現場の教師たちがよく使うのは、「生徒指導」の力のある教師と力のない教師がいるということです。「生徒指導」の力のある教師というのは、児童・生徒に対して教師の指導に従わせる（言うことをきかせる）ことができる教師です。逆に「生徒指導」の力のない教師というのは、児童・生徒に対して教師の指導に従わせる（言うことをきかせる）ことがきちんとできない教師ということになります。

このようなことから、学校現場の教師たちのリアルな「生徒指導」のイメージとしては、①「児童・生徒たちに校則・きまり・ルールを守らせる指導・守らない生徒への指導（規律指導）」と、②「非行・問題行動を起こした児童・生徒たちへの指導・起こさせないための指導（特別指導）」というようなもの

に思われます。このような学校で教師たちが児童・生徒に対して行っている「規律指導」と「特別指導」こそが、大学生たちが児童・生徒時代にリアルに体験してきたものであり、そこから彼らの「生徒指導」のイメージが形成されているのではないでしょうか。

4.　大学の教職課程の「生活指導・生徒指導」のテキストと現実の「生徒指導」

　大学の教職課程のテキストである『新しい時代の生活指導』(有斐閣刊)の一番最初の書き出しには、「生活指導という言葉から連想されるのは、服装、ヘアスタイル、アクセサリー、持ち物等の検査、遅刻、校門指導、不道徳な行為をした者への叱責、罰、懲戒、いじめや不登校への対応などであろう。たしかに生活指導においてはこれらは重要な実践課題ではあるが、子どもを取り締まったり、学校に適応させることが生活指導の目的ではない」と書かれています。さらに、「生活指導は、服装、ヘアスタイル、アクセサリー、持ち物等の検査、遅刻、校門指導、不道徳な行為をした者への叱責、罰、懲戒というような管理主義の代名詞として誤解されてきたが、これらは生活指導とは原理を異にする生徒指導というべきものである」と書かれています。

　一方、これも大学の教職課程のテキストである『現代生徒指導論』(学事出版刊)では、「一般的に、高等学校における生徒指導部などの校務分掌の役割は、主に「校内規律に関する指導」「問題行動に対する指導」(以下、規律指導)であって、教育相談は他の分掌(保健部など)や校内委員会組織が担っている場合が少なくない。そのため、生徒は「生徒指導の先生」を、服装指導・頭髪指導・遅刻指導・叱責・訓告などを行う「叱り役の先生」と認識していることが多い」として、このような学生がもっている生徒指導のイメージは「狭義の生徒指導」であって、本来の(広義の)生徒指導は、教育相談なども含む広い考え方であるとしていています。

　しかし、大学生たちが児童・生徒時代に経験してきたリアルな「生徒指導(生活指導)」のイメージは、まさに「服装、ヘアスタイル、アクセサリー、持ち物等の検査、遅刻、校門指導、不道徳な行為をした者への叱責、罰、懲戒、いじめや不登校への対応など」であり、「校内規律に関する指導」「問題行動に

対する指導」であり、「生徒指導の先生」を、服装指導・頭髪指導・遅刻指導・叱責・訓告などを行う「叱り役の先生」と認識しているのです。

　これらの大学生たちが経験してきた「指導」を、『生活指導』のテキストでは、これは「生活指導」ではなく「生徒指導」だとし、『生徒指導』のテキストでは、これは狭義の「生徒指導」であっても、広義の「生徒指導」ではないとしているのです。いずれにしても、大学生たちが児童・生徒時代に経験してきた「生徒指導」のイメージとは異なった「本当の（本来の）生活指導」「本当の（本来の）生徒指導」があるという語り口は共通しているように思われます。

　そのような「本当の（本来の）生活指導」「本当の（本来の）生徒指導」があるとしても、ではいったい大学生たちが実際に児童・生徒時代に経験してきた「生徒指導」のイメージのもとになった「指導」はなんだったのでしょうか。

5. 「リアル生徒指導」とは、どのような「指導」なのか？

　大学生たちが児童・生徒時代に体験してきた「生徒指導」のイメージ、そして学校現場で教師たちが取り組んでいると思っている「生徒指導」のイメージは、それほど大きく違っていないように思います（少なくとも文科省の定義や教職課程のテキストが言っている「生徒指導」よりは）。

　大学生たちの児童・生徒時代の「生きられた経験」、そして学校の教師たちの「生きられた経験」にもとづく「生徒指導」を「リアル生徒指導」と名づけて、その現実と実態について考えていきたいと思います。

　学校において実際に教師によって行われている「生徒指導」とは、いったいどのような「指導」なのでしょうか。文字通り解釈すれば、「生徒」を「指導」すること、となりますが、基本的には学校における教育活動は全て「生徒」に対する何らかの「指導」であると言えます。これでは、「教育＝生徒指導」ということになり、あまりにもその概念が広がってしまいますので（文科省の「生徒指導」の定義のように）、もっと具体的に、リアルに「生徒」を「指導」するということを考えてみましょう。

　ひとことで言うと、「リアル生徒指導」とは「生徒を生徒らしくする指導」

であると言えるのではないでしょうか。では、「生徒らしい生徒」とは、どのような生徒なのでしょうか。そして、「生徒らしくない生徒」とは、いったいどのような生徒なのでしょうか？　すぐに思い浮かぶのは、

　①学校で決められている「ルール・きまり・校則」が守れない生徒
　②非行・問題行動などを起こす生徒

ということだと思います。

　このような「生徒らしくない生徒」を、「生徒らしい生徒」すなわち「学校で決められているルール・きまり・校則を守る生徒、非行・問題行動をおこさない生徒」にするような「指導」が、学校で実際に教師が行っている「生徒指導」なのではないでしょうか。

　つまり「リアル生徒指導」とは、「生徒らしくない生徒」を「生徒らしい生徒」にするための「指導」であると言えるでしょう。

6.「リアル生徒指導」（1）──「規律指導」という生徒指導

　この「リアル生徒指導」には、大きく二つの「指導」があるように思います。

　ひとつは、「学校のきまり（校則・規則・ルール・マナー）を、生徒たちに守らせる指導・守らない生徒への指導（規律指導）」です。学校で教師たちが生徒たちに学校のきまり（校則・規則・ルール・マナー）を守らせるために、具体的はおもに以下のような「指導」を「生徒指導」として行っています。

---

①日常的な児童生徒に対する指導──注意、叱責、命令、説教
②校門・玄関指導──遅刻指導、服装・頭髪の点検・指導、あいさつ運動
③全校・学年集会指導──整列指導、説教、服装頭髪一斉検査
④校内・校外巡視──見回り、パトロール、登下校・通学指導

　このような「生徒指導」は、基本的にはその学校の教職員全員で、学校教育のあらゆる場面で行うことになっています。しかし、実際には、その最前線に立つのは学校の校務分掌で「生徒指導部」に所属する生徒指導担当教員となり

ます。校務分掌の任務は、本来は持ち回りなのですが、なぜか「生徒指導部」を担当する教員はいつも「声が大きい、態度が大きい、押しが強そう」な教員、「厳しそう、怖そう、うるさそう」な教員がなることが多いのです。そういった意味で、その学校の「体育教師」が担当する場合が非常に多いことから、大学生の「生徒指導」のイメージにも「体育教師」が挙げられることになるのでしょう。

　学校教育法では中学校・高等学校には必ず「生徒指導主事」というポストを置かねばならないとされています。一般的には「生徒指導部長」と呼ばれていますが、この部長のもとに校務分掌としての「生徒指導部」では、大きくは以下のような任務分担に分かれて仕事をすることになります。

①校内生徒指導担当（玄関指導、集会指導、服装頭髪指導、校内巡視、落し物の対応、遅刻指導）
②校外生徒指導担当（校外巡視、通学指導（自転車、バス鉄道）、アルバイト届け、交通安全指導）
③生徒会指導担当（生徒会執行部、各種委員会、行事の運営）
④教育相談担当（教育相談室の運営、カウンセリング、家庭訪問、各種機関との連携）

　学校によっては「生徒会担当」や「教育相談担当」を別立ての校務分掌として「生徒指導部」「教育相談部」としているところもありますが、これを「生徒指導部」が担当する仕事としている学校も少なくありません。これは、後で紹介する学校における「生徒指導」の成り立ちの過程から、このような仕事も「生徒指導」に含まれるという考えからなのですが、「生徒指導」とも関連の深い「進路指導」については、どこの学校でも「生徒指導部」とは別に「進路指導部」という分掌が置かれています。

7.「リアル生徒指導」(2) ——「特別指導」という生徒指導

　もうひとつの「リアル生徒指導」は、「非行・問題行動を起こした生徒への

指導・起こさせないための指導（特別指導）」です。ここでいう「非行・問題行動」とは、具体的には「教師への暴言・反抗、校内の器物破壊、カンニング行為、喫煙、飲酒、万引き、窃盗、恐喝、暴力行為、傷害、薬物乱用、家出、不純異性交遊など」です。

　さきの「規律指導」という「生徒指導」との大きな違いは、その「指導」が教師の児童生徒に対する個人的な注意、叱責、命令、恫喝のレベルを超えるということです。その生徒に対する「生徒指導」が、個人的なレベル、学級や学年のレベルを超えて、全校的な体制によって指導が行われるような「生徒指導」を、学校では（特に高校では）「特別指導」と呼んでいます。

　「特別指導」と呼ばれるような「生徒指導」の対象となる生徒の非行・問題行動が起きた場合、だいたい以下のようなプロセスとなります。

---

　①非行・問題行動（事件）の発覚→②生徒指導担当教員による当該生徒からの事情聴取→③生徒指導部および関係教員での指導措置原案の策定→④職員会議での指導措置の審議・決定→⑤学校長からの指導措置の申し渡し→⑥該当生徒への指導措置の実施

　「特別指導」の指導措置としては、当該生徒の非行・問題行動の程度によって、①生徒指導部長による説諭、②学校長による説諭・訓告、③学校長による有期の謹慎（停学）処分－学校内謹慎と家庭内謹慎がある、④学校長による無期の家庭謹慎（停学）処分、⑤学校長による退学処分があります。

　小・中学校の場合が義務教育であるので、③～⑤はありません（できません）が、生徒の非行・問題行動の程度によっては、「出席停止」という措置を教育委員会が行うことができることになっています。

　このような「特別指導」は、学校における「懲戒処分（退学・停学・訓告）」とも言われますが、実際には今の学校（高校）では、このような「懲戒処分＝法的処分としての懲戒（退学・停学・訓戒）」は、ほとんど行われていません。「法的処分としての懲戒（退学・停学・訓戒）」であれば、その生徒の指導要録に記録を残し、教育委員会に報告しなければならないことになるところから、ほとんどの学校では、法的処分としての懲戒である「停学」ではなく、「謹

慎」という指導措置をとっています。また、「退学」についても、学校長から当該生徒に対して法的処分としての懲戒として「退学」を申し渡すというようなことはなく、生徒自身の方から「自主退学」を申し出るように促していくというのがほとんどだと思います。

8. なぜ生徒指導は"ブラック"になるのか？

　大学生たちの「生徒指導」のイメージは、「厳しく、怖く、うるさく、めんどくさい」というものでした。だからこそ、彼らの多くは、学校の中では校則を守り、問題行動も起こさずに、「生徒指導を受けなくともよい生徒」であろうとしてきたのです。つまり、多くの生徒たちにとっての「生徒指導」とは、できれば自分は「受けたくない・避けたい・関わりたくない指導」というように、非常に"ブラック"なイメージをもっているように思われます。

　そのような「生徒指導」の中でも、「理不尽で不合理な生徒指導」「納得できない生徒指導」「受けたくない生徒指導」というものが、皆さんの体験にあるのではないでしょうか。そのようなネガティブに体験されてきた生徒指導を、私は「ブラック生徒指導」と呼んでいます。

　大学生たちが受けてきた生徒指導の中で一番多い大変は、「ささいなことで大声で怒られた」というものです。確かに、ちょっとしたささいな逸脱でも、学校では許されないことであれば、教師から注意・叱責されることはよくあることですが、「そんなことで、そこまで怒るのか？」というような指導を受けた者は少なくありません。その行為に対して指導されること自体は正当だとしても、その指導のやり方に疑問や理不尽さを感じているのです。

　もう一つは、自分がやった行為に対して、教師から指導を受けたのだが、なぜそのような指導を受けたのかについて「納得ができない・理由が分からない・説明してくれない」という体験です。そうした指導を受けた理由を説明してくれるよう教師に求めても、「生意気言うな」と怒られるだけで、きちんとした説明がなされないことがあります。また教師の誤解や事実誤認によって指導を受けた場合に、生徒が事情を説明しようとすると、「言い訳するな」と、さらに怒られたりするケースもあります。

　さらに、教師の機嫌の良い時、あるいはお気に入りの生徒に対しては、あまり注意・叱責することはないのに、機嫌が悪い時や気に入らない生徒に対しては、厳しく注意・叱責するという、不公平・不平等な生徒指導を受けた経験もあります。また、生徒の容姿や成績などについて、教師から差別的、侮辱的な発言をされ、精神的に傷つけられたというケースもあります。

　このような教師の「生徒指導」に対して、生徒が理不尽さを感じ、そうした指導は「受けたくない」と思うのは当然のことだと思います。

9.「行き過ぎた指導」「不適切な指導」というブラック生徒指導

　いわゆる「行き過ぎた指導」や「不適切な指導」と呼ばれる、体罰を含んだ叱責・恫喝をする生徒指導があります。それは教師が生徒に対して校則を守らせようとする指導や、学級指導や部活動指導で、生徒に教師の言うことをきかせようする場面で起きることが少なくありません。このようなパワーハラスメント的な生徒指導は、「学校ハラスメント」とか「スクール・パワハラ」とも呼ばれています。

　一番極端な指導が教師による体罰です。教師による体罰は学校教育法第11条によって禁じられているにもかかわらず、学校現場ではいまだに絶えることはありません。その理由として、教師による体罰が、しばしば「指導に熱心のあまり」とか「指導が行き過ぎてしまって」という表現によって、学校現場では許容されてしまう土壌があるように思われます。

　また体罰に至らないまでも、教師がその暴力的な言動によって、生徒を叱責・恫喝するなどして精神的に圧迫したり、傷つけたりする「不適切な指導」もあります。

　このようなパワハラ的な生徒指導は、生徒に対して精神的・身体的な苦痛を与えることが多く、それによって生徒の身体や人格の尊厳を傷つけるような深刻な人権侵害に及ぶことがあります。特にそのようなパワハラ的な生徒指導によって、生徒を死に追い込んでしまう事件も発生しています。はたして、そのような指導は、本当に生徒指導だと言えるのでしょうか。

ブックガイド

文部科学省（2010）『生徒指導提要』
日本生徒指導学会編（2015）『現代生徒指導論』学事出版
春日井敏之・山岡雅博編（2019）『生徒指導・進路指導』ミネルヴァ書房
川原茂雄（2020）『ブラック生徒指導』海象社

第7章
生徒指導の出現──
「手びき」から「提要」へ

　戦前の日本の教育界では、「生徒指導」という言葉は、ほとんど使われていなかったと言われています。戦後にアメリカから「ガイダンス理論」が日本の教育界に導入され、この「ガイダンス」の日本語訳として「生徒指導」という言葉があてられたと言われています。日本には戦前から「生活指導」という言葉がありましたが、文部省は1965年に『生徒指導の手びき』を発刊してからは、「生徒指導」という言葉を一貫して使うようになりました。この「生徒指導」という言葉は、どのように出現して使われるようになってきたのでしょうか。

キーワード

ガイダンス理論、生徒指導の手びき（手引）、生徒指導提要

1.「生徒指導」の出現

　戦前の日本の教育界では、「生徒指導」という言葉は、ほとんど使われていなかったと言われています。

　戦後まもなく、GHQからの指令によって「修身、日本歴史及ビ地理」の教育が停止され、その事後措置として当時の文部省が「公民教育」や「公民科指導」を構想した中では「生活指導」という言葉を使っていました。その後、占領期アメリカによる教育改革がすすめられる中で、「ガイダンス理論」が導入され、この「ガイダンス」という言葉の日本語訳として、「指導」とか「生活

指導」「生徒指導」などがあてられました。

　1949（昭和24）年、文部省初等中等教育局が編集した『中学校・高等学校の生徒指導』が、中学校高等学校の生徒指導の手引きのようなものとして発刊されましたが、当時はまだ文部省でも学校現場でも「生活指導」という言葉はよく使われていました。ところが、ある時期（1950年代後半くらい）から、文部省は「生活指導」ではなく、「生徒指導」という言葉を使うようになったと言われています。

　その頃、『やまびこ学校』など戦後の生活綴り方運動の中から、戦前からの日本の民間教育運動の中の「生活指導」概念が再興され、そこから仲間づくり・学級づくり・集団づくり運動へと発展していく中で、日本の教師たちの中から「生活指導運動」が興隆していました。それが、当時の文部省がすすめていた特設「道徳」との対抗関係・緊張関係を高めていったことから、文部省はあまり「生活指導」という言葉を使わなくなりました。その後、文部省が明確に「生徒指導」という言葉を使うようになったのは、1958（昭和33）年の学習指導要領が改訂され、「道徳」が新たに教育課程に位置づけられてからだと言われています。

　1964（昭和39）年、文部省は全国の学校に「生徒指導主事」の制度化と配置をすすめるとともに、1965（昭和40）年には、『生徒指導の手びき』を作成、全国の中学校・高校に15万部を配布しました。この『手びき』の中で、それまで明確な概念規定や基準がなかった「生徒指導」について、その意義や原理、指導内容にわたるまで詳細に説明するとともに、なぜ「生活指導」ではなく、「生徒指導」という言葉を使うのかについて以下のように記述していました。

　「周知のように、「生徒指導」に類似した用語に「生活指導」という言葉があり、この二つは、その内容として考えられるものがかなり近い場合があるが、「生活指導」という用語は現在かなり多義に使われているので、本書では「生徒指導」とした。」（文部省、1965、7p）

　このようなことから、以後、文部（文科）省や教育委員会、学校などでは公用語としては「生徒指導」を統一して使うようになり、教育行政上では「生活指導」という言葉は使われなくなっていきました。

2. 『生徒指導の手びき』の発刊

　1965（昭和40）年に、文部省は『生徒指導の手びき』を作成しましたが、ある面で、生徒指導についての学習指導要領のようなものという性格をもっているともいわれるこのような文書を、なぜこのタイミングで発刊したのでしょうか。

　ちょうどその頃は、日本の学校で生徒（青少年）の非行・問題行動の増加が話題となっていた時期でした。

　『生徒指導の手びき』の「まえがき」には、「近時生徒の非行や問題行動が増加の傾向にあり、これは学校教育としての重大な関心事でなければならない。非行対策は、本来生徒指導の消極的な面であるが、学校における考え方や扱い方には誤りも見られるし、当面の大きな問題であるので、本書においては、この問題についても重点的に取り上げた」と書いてあります。

　また、第1章・生徒指導の意義と課題においても、「現在の学校教育、特に中学校や高等学校において、生徒指導の充実、強化が強く要請される根拠として、青少年の非行の増加——年少者・生徒の増加、粗暴化、集団化等——の現象とそれに対する対策があげられるが、生徒指導の意義は、このような青少年非行の対策といったいわば消極的な面にのみあるのではなく、学校生活が生徒ひとりひとりにとっても、また学級や学年、さらに学校全体といったさまざまな集団にとっても、有意義に興味深く、そして充実したものになるようにすることを目ざすところにある。このような目標を忠実に追求していけば、それは自然に非行化の防止としての効果をあげることにもなるのである」と明記されています。

　このようなことからも、当時の文部省が『生徒指導の手びき』を発刊したきっかけのひとつが、当時の生徒（青少年）の非行や問題行動の増加にあったことは明らかだと思います。

　この『生徒指導の手びき』では、生徒指導の意義や原理として、「それぞれの生徒の人格の、より正常な、より健康的な発達の助成のために必要な教育活動」であるとしながらも、一方では「いろいろな形態の生徒の集団の指導にも、また非行に走る可能性のある生徒の指導にも、さらには、非行の兆候を示

している生徒の指導にも通ずるものであり、また、そのような原理にたつ生徒指導を考えなければならない」としています。

　また本文の内容においても、第9章では「学校における非行対策──第1節青少年非行の現況と原因、第2節学校における非行対策」、第10章では、「生徒指導と社会環境──青少年の健全育成活動・保護育成活動・非行少年の保護処分と矯正」というように、明らかに、当時の文部省が青少年の非行や問題行動の増加に対応して、学校現場における生徒指導の「手びき」（ガイド・マニュアル）となるような文書を刊行しようとしたものであると思われます。

　この時の『手びき』の巻末には「附録」として、「児童懲戒権の限界について」（昭和23年12月、法務庁法務調査意見長官の見解）が掲載されていますが、これは学校教育法第11条で禁止されている「体罰」について、どのような行為が「体罰」にあたるのか（あたらないのか）についての質問に対して、当時の法務庁の見解をまとめたものです。この部分は1965年の『手びき』の時だけ掲載され、1981年以降の改訂版には掲載されていません。

　『手びき』の本文中には、「懲戒」や「体罰」についての記述はまったくないのに、これが「附録」として掲載されていることは、当時、学校現場の生徒指導の場面で、教師の「体罰」による指導が横行していたことの現れではないかと推測されます。

3.『生徒指導の手引（改訂版）』の発刊

　1981（昭和56）年、文部省は『生徒指導の手引（改訂版）』を刊行しました。

　改訂の理由としては、「この間、教育課程の基準の改訂が二度にわたって行われ、また、生徒を取り巻く社会の状況などにも変化が起こってきました。このような事情から、このたび主として生徒指導と教育課程、学校における生徒指導体制、青少年非行の現況と原因などについて所要の改訂を行うことにしました」とされています。

　しかし、1965年の『手びき』では第8章だった「学校における生徒指導体制」が、第6章の「生徒指導と学級担任・ホームルーム担任教師」に入れ替わったことと、全体のページ数は初版が227pだったのが、改訂版では209pとな

り、10％減少して少しスリムになっているくらいで、基本的な内容は『手び
き』とほとんど変わっていません。

　いったいなぜ、この時期のタイミングで改訂が行われ、『手引』が発刊され
たのでしょうか。

　ちょうどこの頃の1970年代末から1980年代の初めは、全国的に校内暴力の
嵐が吹き荒れていた時期でした。そのような当時の校内暴力の深刻化の状況に
対応するための改訂だったのでしょうか。しかし、内容的には初版の『手び
き』とほとんど変わらず、校内暴力などの問題に対応して加筆された項目も見
当たりません。同時期に文部省は、深刻化する校内暴力の問題に対応した内容
を記載した以下のような「生徒指導資料」を別に発刊しています。

　　・「生徒の問題行動に関する基礎資料——中学校・高等学校編（生徒指導資料
　　　第14集）」（1979年）
　　・「生徒の健全育成をめぐる諸問題——校内暴力問題を中心に（生徒指導資料
　　　第17集）」（1982年）

　前者では、青少年の問題行動のひとつである「暴力行為」のひとつの形態と
して「校内暴力」が取り上げられ、その原因や指導上の配慮の記述がありま
す。後者では、校内暴力の問題そのものをメインとして取り上げ、その問題の
背景や現状、具体的な対策、さらには指導事例などが記載がされています。

　これを見ると、当時の文部省は、この校内暴力の問題をかなり深刻に受け止
めて対応しようとしているように思われますが、そのタイミングで、なぜ
1981年に初版とほとんど内容が変わっていない改訂版の『手引』を発刊した
のでしょうか。

　この時も、この『手引』は、おそらく全国の中学校・高等学校に数十万部が
配布されたものと思われます。当時、私は高等学校の教員になったばかりでし
たが、このような『手引』を、校内で見たことも読んだこともなく、その存在
すら知りませんでした。いったい、この『手引』の発行や改訂により、どれほ
どの影響力が学校現場にあったのかは大きな疑問です。

4. 『生徒指導提要』の発刊

　2010（平成22）年、文部科学省は『生徒指導提要』を刊行します。1981年の『生徒指導の手引（改訂版）』から30年ぶり（初版からは50年ぶり）の「改訂」でしたが、タイトルは「手引」から「提要」へと大きく変わりました。

　『大辞泉』では「提要」とは「要領を取り出して示す」とあります。本当は「学習指導要領」のように、「生徒指導要領」としたかったのかもしれませんが、そうなると法的拘束力をもってしまうと思われるので、「要領」ではなく、似たような「提要」という表現を使ったのではないかとも言われています。

　いったいなぜ、「生徒指導」の「手引」ではなく「提要」なのか、それまでの「手引」とは、どこが違うのでしょうか。

　まず、『生徒指導提要』のまえがきには、「小学校段階から高等学校段階までの生徒指導の理論・考え方や実際の指導方法等について、時代の変化に即して網羅的にまとめ、生徒指導の実践に際し教員間や学校間で教職員の共通理解を図り、組織的・体系的な生徒指導の取組を進めることができるよう、生徒指導に関する学校・教職員向けの基本書として、この『生徒指導提要』をまとめました」と書いてあるように、それまで中学校・高等学校における「生徒指導」の理論・考え方だったのを、小学校段階から考え捉えていくというところが大きな違いであるとされています。

　また、この『提要』は全国の小中高の学校に配布されたと共に、文科省のホームページにもアップされ、印刷製本されたものも一般書店で販売され、さらに文体が「です・ます調」になるなど、学校教員だけでなく教育関係者や一般の市民にも手に取って読んでもらえるような体裁になっています。

　全体的な構成としては、章立てが10章から8章に整理されましたが、総ページ数は237pとなり、装丁もA4判となり大きくなっています。前回の改訂では、ほとんど初版と内容の変化はありませんでしたが、この時の改訂では、内容的にもかなり大きな変化が見られます。

　第1章「生徒指導の意義と原理」における「生徒指導の意義と課題」「教育課程における生徒指導の位置付け」などの考え方については、基本的に『手び

き』『手引』の考え方を、ほぼそのまま継承しています。一方、『手引』では第8章・第9章の内容が、「提要」では第6章「生徒指導の進め方」として編成され、大きく変わっています。さらに第7章「生徒指導に関する法制度等」として、「校則」「懲戒」「体罰」「非行」についての内容が記載されています。また、第8章「学校と家庭・地域・関係諸機関との連携」という、新しい観点での章が立てられました。

　しかし1994年に日本も批准した「子どもの権利条約」については、記述がまったくなく、内容的にもほとんど反映されていません。さらに、当時文部省でも「参照されるべきもの」としていた「ゼロトレランス的な指導」についての記述が、第6章第6節「校内規律に関する指導の基本」などにみられます。これは当時の教育基本法の改定によって明記された「規範意識の醸成」などの動きが反映しているように思われます。

5.　2022年の『生徒指導提要』の改訂

　2022年、文科省は『生徒指導提要』を12年ぶりに改訂し、現在その全文がHP上に公表されています。今回の改訂ではタイトルは『提要』のままですが、その内容や構成には大きな変化があるようです。

　第Ⅰ部が「生徒指導の基本的な進め方」で、「生徒指導の基礎」「生徒指導と教育課程」「チーム学校による生徒指導体制」の3章、第Ⅱ部が「個別の課題に関する児童生徒への対応」で、「いじめ」「暴力行為」「少年非行」「児童虐待」「自殺」「中途退学」「不登校」「インターネット・携帯電話に関わる課題」「性に関する課題」「多様な背景をもつ児童生徒への生徒指導」という8章で構成されています。

　今回の改訂のポイントとしては、まず1994年に日本も批准した「子どもの権利条約（児童の権利に関する条約）」について初めて明記されたことが挙げられます。生徒指導の取組みの留意点のひとつとして「児童の権利の理解」が挙げられ、我が国では「児童の権利に関する条約（子どもの権利条約）」が批准され効力が生じていること、それによって児童生徒の基本的人権に十分に配慮し、一人ひとりを大切にした教育が行われることが求められることを明記して

います。

　さらに生徒指導を実践する上では、この条約の四つの原則である、(1) 児童生徒にいかなる差別もしないこと、(2) 児童生徒に最も良いこと（最善の利益）を第一に考えること、(3) 児童生徒の命や生存、発達が保障されること、(4) 児童生徒は自由に意見を表明する権利をもっていることを理解しておくことが大切であると明記しています。

　本文中のわずか1頁分で、内容的にも不十分ではありますが、条約が批准されて20年以上たち、ようやく「子どもの権利条約」の理念が、日本の生徒指導の考え方の中に位置づけられたことは画期的なことだと思います。

　この他のポイントとしては、「校則」の見直しや体罰や不適切な指導を禁ずる項目、「いじめ」に関しての記述などが挙げられますが、これらは近年のブラック校則や教師の体罰への批判の高まりや、いじめ事案の深刻化などの状況をふまえたものであると考えられます。

　そして、今回の改訂の最大のポイントは文科省の「生徒指導」の定義が大きく変わったことです。

　『生徒指導提要（2010年版）』での「生徒指導」の定義では、「生徒指導とは、一人一人の児童生徒の人格を尊重し、個性の伸長を図りながら、社会的資質や行動力を高めることを目指して行われる教育活動のことです」となっていました。

　今回の『生徒指導提要（2020年版素案)』での「生徒指導」の定義では、「生徒指導とは、社会の中で自分らしく生きることができる存在へと児童生徒が、自発的・主体的に成長や発達する過程を支える教育活動のことである。なお、生徒指導上の課題に対応するために、必要に応じて指導や援助を行なう」となっています。

　さらに、生徒指導の目的として「児童生徒の一人一人の個性の発見とよさや可能性の伸長と社会的資質の発達と、同時に、自己の幸福追求と社会に受け入れられる自己実現を支える」としています。

　まず、これまでの定義では重要なキーワードであった「人格の尊重」「個性の伸長」という表現がなくなり、「社会の中で自分らしく生きることができる存在」「自主的・主体的に成長や発達する過程」というやわらかい表現に変わ

りました。さらに、これまでにはなかった「発達」とか「支える」、あるいは「生徒指導上の課題に対応する指導や援助」という表現が加わり、生徒指導における「支援」や「援助」の側面が強調されています。

　こうした変化の背景のひとつには「子どもの権利条約（児童の権利に関する条約）」の理念や原則をふまえて「生徒指導」を捉え直そうということがあるのではないかとも言われています。「生徒指導」という言葉や実際に学校で教師が行っている「生徒指導」には、「統制」や「管理」というイメージが強くもたれています。そのようなイメージの先に「ブラック校則」や「体罰」「不適切な指導」という問題も発生しているように思われます。今回の文科省の『生徒指導提要』の改訂は、「子どもの権利条約時代」における「生徒指導」について、その概念（定義）および実践の方向性について大きく見直していく契機となることが期待されます。

ブックガイド

文部省（1965）『生徒指導の手びき』
文部省（1981）『生徒指導の手引（改訂版）』
文部科学省（2010）『生徒指導提要』
文部科学省（2022）『生徒指導提要（改訂版）』

第8章
生徒指導の定義と目的

　2022年に改訂された文科省の『生徒指導提要』では、「生徒指導とは、社会の中で自分らしく生きることができる存在へと児童生徒が、自発的・主体的に成長や発達する過程を支える教育活動のことである。なお、生徒指導上の課題に対応するために、必要に応じて指導や援助を行なう」と定義されました。これまでの生徒指導の定義では「人格の尊重」「個性の伸長」「自己実現」という言葉が使われていました。いずれも大学生たちが受けてきた生徒指導のイメージとは、かなりかけ離れているように思われていますが、どうしてなのでしょうか。

キーワード

人格の尊重、個性の伸長、自己実現、自己指導能力、消極的生徒指導、積極的生徒指導、発達支持的生徒指導、課題予防的生徒指導、困難問題対応的生徒指導

1. 文部科学省の「生徒指導」の定義

　生徒指導の定義について、文部省が最初に刊行した『生徒指導の手びき（1965年版）』では、以下のように記述されていました。

> 　すべての生徒のそれぞれの人格のよりよき発達を目ざすとともに、学校生活が生徒のひとりひとりにとっても、また学級や学年、さらに学校全体といったさまざまな集団にとっても、有意義に興味深く、そして充実したものになるようにすることを目標とするもの。

　生徒指導というと、どうしても生徒の非行・問題行動への対応・指導という

ように捉えられますが、『生徒指導の手びき（1965年版）』では、そのような指導は生徒指導の消極的な面であり、本来の生徒指導はすべての生徒の人格の発達を目指すという積極的な面をもつものであるとして、以下のような意義があるとしています。

---

①生徒指導は、個別的かつ発達的な教育を基礎とするものである。

②生徒指導は、ひとりひとりの生徒の人格の価値を尊重し、個性の伸長を図りながら、同時に社会的資質や行動を高めようとするものである。

③生徒指導は、生徒の現在の生活に即しながら、具体的、実際的活動として進められるべきである。

④生徒指導は、すべての生徒を対象とするものである。

次の『生徒指導の手引（1981年版）』においても、上記の定義（意義）はほとんど変わっていませんが、文部省がさらにはっきりと生徒指導についての定義を示したのは、1988年に発行した『生徒指導資料第20集』における以下の記述でした。

「生徒指導とは、生徒一人一人の個性の伸長を図りながら、同時に社会的な資質や能力・態度を育成し、さらに将来において社会的に自己実現ができるような資質・能力を形成していくための指導・援助であり、個々の生徒の自己指導能力の育成を目指すものである」

このような文部省の生徒指導の定義は、その後の『生徒指導提要（2010年版）』でも踏襲されていき、以下のような記述になっていきました。

生徒指導とは、一人一人の児童生徒の人格を尊重し、個性の伸長を図りながら、社会的資質や行動力を高めることを目指して行われる教育活動のことです。すなわち生徒指導は、すべての児童生徒のそれぞれの人格のより良い発達を目指すとともに、学校生活がすべての児童生徒にとって有意義で興味深く、充実したものになることを目指しています。

このように文部（文科）省の生徒指導についての定義は、基本的な考え方に

ついて『生徒指導の手びき（1965年版）』を踏襲していきながら、大きく三つ
のポイントにまとめられると思います。

①生徒指導は、人格を尊重し、人格のより良き発達（人間性の最上の発達）
を目指すものである。

②生徒指導は、個性の伸長を図り、一人一人の自己実現を助け、自己指導
能力の育成を目指すものである。

③生徒指導は、社会的資質や行動力を高めるとともに、学校生活が有意義
で興味深く、充実したものとなることを目指すものである。

このような文科省（文部省）の生徒指導の定義は、今回の『生徒指導提要』
の改訂によって、以下のように大きく変わったのでした。

> 生徒指導とは、社会の中で自分らしく生きることができる存在へと児童
> 生徒が、自発的・主体的に成長や発達する過程を支える教育活動のことで
> ある。なお、生徒指導上の課題に対応するために、必要に応じて指導や援
> 助を行なう。

それまでの『生徒指導の手引』や『生徒指導提要』では、「人格の尊重」や
「個性の伸長」と表現されてきたことが、「社会の中で自分らしく生きることが
できる存在」や「自主的・主体的に成長や発達する過程」という表現に変わり
ました。さらに、これまでの定義では「目指す」とされていた表現が、「支え
る」とか「指導や援助を行なう」というような表現に変わっているところも注
目すべき点だと思います。こうした変化の背景のひとつには「子どもの権利条
約」の理念や原則をふまえて「生徒指導」の在り方を捉え直そうということが
あるのではないかとも言われています。

2.　生徒指導の目的

『生徒指導の手びき（1965年版）』では、生徒指導の目的については、以下の
ように記述されています。

> 　生徒指導は、人間の尊厳という考え方に基づき、ひとりひとりの生徒を常に目的自身として扱う。それは、それぞれの内在的価値をもった個人の自己実現を助ける過程であり、人間性の最上の発達を目的とするものである。

　ここでポイントになるのは、「自己実現」という言葉です。一般的には「自己実現」とは、「自分のもっている素質や能力を発見し、それを最大限発展・発揮して何かを成し遂げること」であり、マズローの欲求階段説では「人間の最高の目標である」とされています。しかし、「自己実現」とは、たんに「自分のやりたいことをやる」とか「自分のなりたいものになる」ということではなく、社会的存在としての自己が、その集団や社会の一員として認められるような「社会的自己実現」というかたちで行われるものです。

　『生徒指導の手びき（1965年版）』では、「自己実現」とは、生徒が社会的価値観や行動様式を身に付けるという「社会化されることを続けながら、自覚的存在として自主的に自己の人生目標を選択、設定し、追求していく過程」として捉え、そのための「自己指導の発達」が生徒指導の目的であるとし、その助成のためには「自発性、自律性、自主性」の促進が課題であるとしています。このような考え方が、のちに「自己指導能力」の育成となっていきます。この「自己指導能力」について、文部省は1988年の『生徒指導資料20集』において、以下のように説明しています。

> 　自己指導能力には、自己をありのままに認め（自己受容）、自己に対する洞察を深めること（自己理解）、これらを基盤に自らの追求しつつある目標を確立し、また明確化していくこと、そしてこの目標の達成のため、自発的、自律的に自らの行動を決断し、実行することなどが含まれる。

　『生徒指導提要（2010年版）』では、生徒指導の目的について、以下のように記述されています。

> 　各学校においては、生徒指導が、教育課程の内外において一人一人の児

童生徒の健全な成長を促し、児童生徒自ら現在及び将来における<u>自己実現</u>を図っていくために<u>自己指導能力</u>の育成を目指すという生徒指導の積極的な意義を踏まえ、学校の教育活動全体を通じ、その一層の充実を図っていくことが必要です。

さらに、「自己実現」については、その基礎にあるのは、「日常の学校生活の場面における様々な自己選択や自己決定」であるとし、そのための場と機会を与え、その過程において教員が適切な指導や援助を行うことで児童生徒を育てることだとしています。

ただ、自己実現とは単に自分の欲求や要求を実現することだけでなく、社会や集団の一員として認められる「社会的自己実現」なのであり、その結果が不本意なものであっても、よく考えることや努力することを通して将来における自己実現を可能にする力がはぐくまれるとしています。

「自己指導能力」をはぐくむためには、学習指導の場を含む、学校生活のあらゆる場や機会において、児童生徒の発達の段階に応じた計画的な生徒指導が求められるとしています。

このような生徒指導を通してはぐくまれる資質・能力には<u>「自発性・自主性・自律性・主体性」</u>があるとされますが、そのための教育の方法として「与える」「導く」「型にはめる」などでは本来の意味での自発性・自主性ははぐくめないとしています。指導の中で児童生徒が主体的に取り組めるような配慮を行うことで、自発性や自主性、自律性がはぐくまれるようにしていくこと、自己学習力や自己指導能力、課題発見力や課題解決力というものを育てる指導が望まれるとしています。

その上で、生徒指導における教育と指導・援助のあり方として、『生徒指導提要（2010年版）』では、以下のように記述されています。

生徒指導は、児童生徒の自発的かつ主体的な成長・発達の過程を援助するものです。成長・発達の過程を援助するという表現の通り、教師は、単に望ましい行動の内容について教えることなどで児童生徒を指導するだけでなく、児童生徒が自ら主体的に行動することを促すことを通じて指導・

援助することが重要であることを示しています。児童生徒が自らの人格の完成を自ら希求することができるようにするためには、教員が主導して一方的に児童生徒を教育するという方法を用いるわけにはいきません。生徒指導の難しさと同時に醍醐味は、こうした点にあります。

今回の『生徒指導提要（2022年版）』では、生徒指導の目的は以下のように記述されています。

生徒指導の目的は、児童生徒一人一人の個性の発見とよさや可能性の伸長と社会的資質・能力の発達と、同時に、自己の幸福追求と社会に受け入れられる自己実現を支える。

このような児童生徒の「自己実現」を図るためには、児童生徒が、深い自己理解に基づき、主体的に問題や課題を発見し、自己の目標を選択、選定して、この目標の達成のため、自発的、自律的、かつ他者の主体性を尊重しながら、自らの行動を決断し、実行する力、すなわち「自己指導能力」の獲得を目指すことが生徒指導の重要な目的（目標）であるとされています。このような「自己指導能力」の獲得を支える生徒指導の実践上の視点として、以下の四点が挙げられています。

（1）自己存在感の感受
（2）共感的な人間関係を育成
（3）自己決定の場の提供
（4）安全・安心な風土の醸成

（1）から（3）の点については、これまでの『手引き』や『提要』でも示されてきたことがらですが、（4）の「安全・安心な風土の醸成」という点は、今回の改訂によって新たに加わったものです。児童生徒が個性的な存在として尊重され、学級・HRで安全かつ安心して教育を受けられるよう配慮する必要があるとして、いじめ、暴力行為を許すことなく、お互いの個性や多様性を認め

合い、安心して授業や学校生活が送れるような風土を醸成することが大切だとしています。注目すべきは、最後に「そのためには、教職員の児童生徒への配慮に欠けた言動、暴言や体罰等は許されません」という一文が入っていることです。これらの点は、近年のいじめ問題の深刻化や教員の暴言・体罰などの「不適切な指導」の問題を考慮したものであると同時に、「子どもの権利条約」の理念を生徒指導の目的に活かしていこうという志向が見られるところだと思います。

3.　二つの生徒指導——消極的な生徒指導と積極的な生徒指導

　『生徒指導の手びき（1965年版）』では、生徒指導には消極的な面と積極的な面があることが強調されています。第1章第1節の生徒指導の意義のところには、以下のように記述されています。

　「現在の学校教育、特に中学校や高等学校において、生徒指導の充実、強化が強く要請される根拠として、青少年の非行の増加－年少者・生徒の増加、粗暴化、集団化等－の現象とそれに対する対策があげられるが、生徒指導の意義は、このような青少年非行の対策といったいわば消極的な面にのみあるのではなく、学校生活が生徒ひとりひとりにとっても、また学級や学年、さらに学校全体といったさまざまな集団にとっても、有意義に興味深く、そして充実したものになるようにすることを目ざすところにある」(1p)

　「ここで発達的な教育といったのは、人格や行動のうえでの弱点や欠陥、問題行動の誘因となる悩みや不安、さらには問題行動や非行などの、きょう正および治療を第一の目的とするものではなく、現状を基礎としながらも、そのより正常な、より健康的な発達といった積極的な指導や援助に重点がおかれるということである」(2p)

「生徒指導の中心目標が、問題行動や非行の防止・きょう正といった消極的なものではなく、生徒の健康な人格の発達といった積極的なものであることは、すでに述べたとおりである」(5p)

　以上のことから、生徒指導には「消極的な生徒指導」と「積極的な生徒指導」という、二つの側面があることが示されていると思います。

　ひとつは「消極的な生徒指導」であり、適応上の問題や心理的な障害をもつ生徒や問題行動を示す生徒を対象したもので、そのような非行・問題行動への対応・指導であるというものです。これを、「治療的な生徒指導（援助）」という表現をすることもあります。

　もうひとつは「積極的な生徒指導」であり、すべての生徒を対象としたもので、生徒の人格あるいは精神的健康をより望ましい方向へ向けようとする指導であるというものです。これを、「開発的な生徒指導（援助）」という表現をすることもあります。

　大学生たちの生徒指導のイメージを聞いたアンケート結果を見ると、圧倒的に、ここで言われている「消極的な生徒指導」のイメージが、そのまま生徒指導のイメージとなっているように思われますし、それは学校の教師たちや一般の人たちにとっても同様のイメージをもっているのではないかと思われます。

　すなわち生徒指導とは「非行・問題行動を起こすような特別な生徒が受ける特別な指導」というイメージです。しかし、文部省の『手びき』における生徒指導の考え方では、それは生徒指導の消極的な面だけであって、本来の生徒指導は「すべての生徒が受けるべきものであり、人格の発達や個性の伸長を目指す指導」というものなのです。

　当然、生徒指導の対象はすべての生徒であることを意味する。問題行動があろうがなかろうが、学業が不振であろうが優良であろうが、それぞれの生徒なりに健康な人格の発達または精神の健康の維持・増進が図られるべきである。しかし、一般的にいって、教育の目標から離れれば離れるほど、また正常な発達の基準から逸脱したり問題をもつほど、精神的健康の維持や増進にとって不利な状態にあるということは事実であるから、そのような条件が多く重なっている生徒に、より多くの注意が向けられ、またより多くの指導や援助が与えられるべきであることも否定できない。また、その程度によっては、特別の処置も必要になってくる場合もあるであろう。しかし、それは、生徒指導がすべての生徒を対象とするという基盤

> にたっていわれるのでなければならない。(『生徒指導の手びき（1965年版)』)

このように文部省の『手びき』に書かれているように、実際の学校現場では「消極的な生徒指導」の方に、より多くの手間と時間と労力をかけて、積極的に行っていることは間違いありません。そして、そのことが生徒指導に対するブラックでネガティブなイメージを形成しているように思われます。

4. 三つの生徒指導——生徒指導の分類

『生徒指導提要（2010年版)』では、具体的な生徒指導の方法として、「集団指導」と「個別指導」というふたつの指導を示すとともに、そのどちらにおいても①「成長を促す指導」、②「予防的な指導」、③「課題解決的な指導」という三つの生徒指導があるとしています。

①「成長を促す生徒指導」とは、発達的な生徒指導であり、すべての児童生徒を対象に、個性を伸ばすことや、自身の成長に対する意欲を高めることをねらいとしたものです。言ってみれば、ゼロをプラスにする指導、プラスをさらにプラスにする指導というもので、「積極的な生徒指導」と同じものだと思います。

②「予防的な生徒指導」とは、一部の児童生徒を対象に、不適応や問題が起きないよう、深刻な問題に発展しないように、初期段階で諸課題を解決することをねらいとしたものです。言ってみれば、ゼロ以下のマイナスにならないように予防的に指導するというものだと思います。

③「課題解決的な生徒指導」とは、学校生活に適応できない児童生徒や非行や問題行動を起こす児童生徒など困難な課題を抱えた児童生徒への指導です。言ってみれば、マイナスをゼロにする指導であり、「治療的な生徒指導」「消極的な生徒指導」と同じものだと思います。

さらに『生徒指導提要（2022年版)』では、生徒指導の構造として、2軸3類4層構造という分類が示されています。

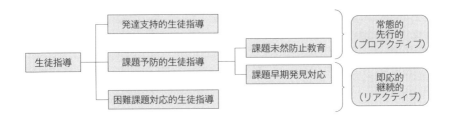

　(1)　生徒指導の2軸——課題の有無を起点とした時間軸に着目して、①常態的先行的（プロアクティブ）生徒指導と②即応的継続的（リアクティブ）生徒指導に分けられます。

　(2)　生徒指導の対象となる児童生徒の観点から、①発達支持的（成長を促す指導）生徒指導、②課題予防的（予防的な指導）生徒指導、③困難課題対応的（課題解決的な指導）生徒指導の三つに分けられます。このうち、②の課題予防的生徒指導は、全ての児童生徒を対象とした課題の未然防止教育と、課題の前兆行動がみられる一部の児童生徒を対象とした課題の早期発見対応に分けられます。これらを含めて、全体で4層からなる重層的支援構造をもっているとされます。

　発達支持的生徒指導とは、特定の課題を意識することなく、全ての児童生徒を対象として、教育課程内外の全ての教育活動において求められる基盤となるものです。発達支持的というのは、あくまでも児童生徒が自発的・主体的に自らを発達させていくことが尊重され、その発達の過程を学校や教職員が支えていくという視点で、児童生徒の個性の発見とよさや可能性の伸長と社会的資質・能力の発達に対する働きかけです。

　課題予防的生徒指導：課題未然防止教育とは、全ての児童生徒を対象に、生徒指導の諸課題の未然防止をねらいとした、意図的・組織的・系統的なプログラムの実施になります。具体的にはいじめ防止教育や薬物乱用防止教育など、生徒指導部を中心に、年間指導計画に位置づけられ実践されるものです。

　課題予防的生徒指導：課題早期発見対応とは、課題の予兆行動が見られたり、問題行動のリスクが高い気になる一部の児童生徒を対象として、深刻な問題に発展しないように、課題を早期に発見し、初期段階で諸課題に対応するものです。急に成績が落ちたり、遅刻欠席が増えたり、身だしなみに変化が生じ

たりする児童生徒に対して、いじめや不登校、自殺などの深刻な事態に至らないよう早期に対応したり、いじめアンケートやスクール・カウンセラーとの会議などで気になる児童生徒を早期に発見して指導・援助を行うものです。

　<u>困難課題対応的生徒指導</u>とは、いじめ、不登校、少年非行、児童虐待など特別な指導・援助を必要とする特定の児童生徒を対象に、校内の教職員だけでなく、校外の教育委員会、警察、病院、児童相談所などとの連携・協働による課題対応をすることです。児童生徒の困難な課題の背景には、個人的な問題だけでなく家庭の問題や発達障害、人間関係などがあることを十分に理解し、課題に応じて支援チームを編成し、計画的・組織的・継続的な指導・援助が求められるものです。

　このように3類4層の構造にある生徒指導は、相互に関連した円環的な関係にあるとされ、これからの生徒指導では、課題が起きてから対応するというものから、常態的・先行的（プロアクティブ）な生徒指導の創意・工夫が必要であり、発達支持的生徒指導や課題予防的生徒指導（課題未然防止教育）の在り方を改善していくことが、諸課題の未然防止や再発防止にもつながるとされています。

ブックガイド

文部省（1965）『生徒指導の手びき』
文部省（1981）『生徒指導の手引（改訂版）』
文部科学省（2010）『生徒指導提要』
文部科学省（2022）『生徒指導提要（改訂版）』

第9章
生徒指導の機能と構造

　文部科学省の『生徒指導提要』では、「生徒指導は学校の教育目標を達成する上で重要な機能を果たすものである」としています。学校における教育活動には「領域」と「機能」があるとされていますが、機能としての「生徒指導」には、教育課程を「補正する機能」と「補助する機能」があるとされています。また「生徒指導」には「管理（Regierung）」としての側面と「訓育（Zucht）」としての側面があり、それはそれぞれ、disciplineとしての機能とguidanceとしての機能として捉えることができると思います。

キーワード

機能としての生徒指導、教育課程の補助・補正、管理・訓育・教授、教授＝学習過程、管理＝経営課程、disciplineとguidanceの機能

1.　機能としての生徒指導

　文部省が1965年に刊行した『生徒指導の手びき』の第1章第1節の書き出しには、「生徒指導は、学校がその教育目標を達成するための重要な機能の一つである」となっていました。以後改訂された『手引き』や『生徒指導提要』でも、文科省は一貫して「生徒指導は機能である」ということを繰り返し述べています。

　「学習指導としての教育機能とともに、教育目標を達成するための重要な機能の一つである生徒指導としての教育機能もあります」（『生徒指導提要（2010年版)』）

> 「生徒指導は、児童生徒が自身を個性的存在として認め、自己に内在して
> いるよさや可能性に自ら気付き、引き出し、伸ばすと同時に、社会生活で
> 必要となる社会的資質・能力を身に付けることを支える働き（機能）をもっ
> ています。したがって、生徒指導は学校の教育目標を達成する上で重要な
> 機能を果すものであり、学習指導と並んで学校教育において重要な意義を
> もつものと言えます」（『生徒指導提要（2022年版）』）

　いずれの記述も、生徒指導を教育目標を達成するための「重要な機能」とし
て位置付けていますが、ここに文部（文科）省が、学校の教育活動において、
「生徒指導」というものを、教育課程の関係において、一貫して、どのように
位置付けてきたのかを理解する重要なポイントがあるように思います。

　学校における教育活動とは、基本的には教育目標を達成するために、教育課
程を、教科活動および教科外活動の領域において実施することによって行われ
るものです。しかしながら、『生徒指導の手びき（1965年版）』にも書いてある
とおり、「学校における教育活動は極めて多様であって、必ずしもそのすべて
が教育課程の中に包含されているとは限らない」のです。「教育課程の領域で
行われる教育活動」としては、各教科、道徳、特別活動などがあります。それ
以外にも「教育課程外としての領域で行われる教育活動」としては、休み時
間、放課後、部活動、校外生活等などの活動があります。

　このような教育課程内外の領域における教育活動を展開するための教育機能
として「学習指導」がありますが、「それとは別の教育機能が同時に働くも
の」（『手びき』71p）として「生徒指導」があるとされています。

　このような視点から、文部省の『生徒指導の手びき』に見られる、学校教育
の「領域」と「機能」の構造をまとめると、以下のようになります。

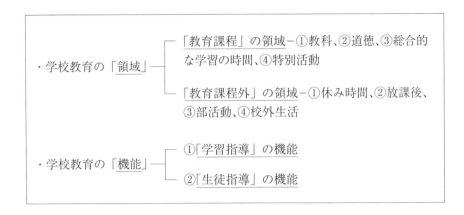

2.　学校教育の「領域」と「機能」

　学校教育における教育活動を「領域」と「機能」に分けて考えるのは、1950年代後半に「生活指導」の概念をめぐって、それは教科・教科外のいずれの領域においても機能する機能概念なのか、それとも教科外領域における教育の目的・内容・方法をしめす概念（領域概念）なのかという、教育学者の宮坂哲文と小川太郎とのあいだでかわされた「生活指導論争」からきていると思われます。

　教育学者の宮坂哲文は、戦前の日本の民間教育運動の中で形成されてきた「生活指導」概念を、「子どもたち一人一人の生きた現実に即して、かれらが人間らしい生き方をいとなむことができるように援助すること」と規定したうえで、「生き方の指導」としての「生活指導」を、「一定の具体的な方法、手立てを含んだ機能概念」であるとしました。それはもうひとつの「学習指導」とともに、「教科と教科外とを問わず、いずれの領域においても、およそ教師と子どもが接触するかぎりのすべて場において行われうる教育上のいとなみ」であるとして、「生活指導」は「学習指導」とともに、学校教育の全面にはたらくべき基本的な「機能」であるとしました。

　これに対して、同じく教育学者の小川太郎は、「生活指導」はもともと「教科指導」に対して言われている言葉であり、「教科外という領域での指導概念」であり、時間的・場所的な領域をもっている「領域概念」であるとしまし

た。そして教科指導の目的は、人類の遺産を系統的に伝えることであり、これに対して「生活指導」の目的は、学校・学級の行事、クラブ、児童会、生徒会活動などの教科外活動を通して人格を教育することとして区別しました。

　この宮坂哲文と小川太郎との間でかわされた生活指導をめぐる論争は、「生活指導論争」（1957~59）と呼ばれていますが、この論争を通して「生活指導」と「学習指導」という機能概念、「教科活動」と「教科外活動」という領域概念によって、学校教育を構造的に把握する枠組みが形成されたと言われています。

3.　教育課程の展開を補助・補正する機能としての生徒指導

　文部省が1965年に発行した『生徒指導の手びき』における、「教育課程（教科と教科外）」と「教育課程外」という教育的領域があるとしたうえで、その教育活動の展開をささえる教育的な「機能」が「学習指導」と「生徒指導」であるとした学校教育の構造的な把握のしかたは、この宮坂哲文と小川太郎との「生活指導論争」から大きな影響を受けていることは間違いないように思われます。

　そして現在の文部科学省における「機能としての生徒指導」の概念も、基本的にはこの1965年発行の『生徒指導の手びき』に示されていたものが、ほぼ2010年発行の『生徒指導提要』でも引き継がれていると言えます。しかし、宮坂哲文の言っている「生活指導の機能」と、文部省が言っている「機能としての生徒指導」は、その概念の内容において、かなりの違いがあるように思います。

　宮坂哲文の「生活指導」概念は、あくまで「生き方の指導」として「一定の具体的な方法、手立てを含んだ機能概念」であるとしていましたが、『生徒指導の手びき（1965年版）』での「生徒指導」の概念は、あくまで教育課程の展開のための補助と補正としての機能であるというものでした。

　すなわち、「教育課程の使命として果そうとする人間形成にはどうしても多様な生徒を対象として、一定の期間に、一定の人間としての資質を育成しようとするのであるから、共通性が、その顕著な性格」になるし、「また方法的に

も、ある程度の画一的な指導は、やむを得ない現実的な制約」であるため、この教育課程の「共通性という性格」と「画一的な指導」は、個性を伸ばすという立場からは問題点となるとしています。

このような教育課程の「共通性・画一性」に対して、「生徒指導は、教育課程だけでは足りないところを補う役割（補正的作用）をもつとともに、教育課程の展開を助けること（補助的作用）にも貢献する」（『手びき』1965年版、75p）ことで、個性化をはかるのが生徒指導の重要な「機能」であるとしています。

このような、生徒指導の機能は教育課程の「補正」と「補助」であるという考え方は、『生徒指導の手びき（1965年版)』の執筆者の一人であった飯田芳郎（当時文部省の初等中等教育局中等教育課教科調査官）によるものであると思われます。

のちに東京学芸大学教育学部教授となる飯田芳郎は、別の著書の中で、「生徒指導は、教育的価値の達成を直接に目指すというような教育機能ではない」としたうえで、「生徒指導は、教育的価値の達成を直接に目指す教育諸活動にたいして、その基盤を作ったり、その促進を援助したり、その正常な路線から脱漏する児童・生徒を救済するような仕事——いわば、普通の意味の教育活動に対する精神的な意味の条件を整備するような仕事——を担当するものである」（『新生徒指導辞典』1980年）としています。すなわち、生徒指導の機能とは、あくまでも学校における教育課程を展開するための「補助・補正」によって「精神的な意味の条件を整備する仕事」であるとしているのです。

このような教育課程の展開の補助・補正としての生徒指導の機能についての考え方は、のちの『生徒指導提要（2010年版)』においても引き継がれています。

この『提要（2010年版)』では、学習活動における生徒指導としては二つの側面があるとして、一つは教科等における学習活動が成立するために、一人一人の児童生徒が落ち着いた雰囲気の下で学習に取り組めるように、基本的な学習態度のあり方についての指導を行なうことであり、もう一つは各教科の学習において、一人一人の児童生徒が、そのねらいの達成に向けて意欲的に学習に取り組めるよう、一人一人を生かした創意工夫ある指導を行なうことであると

しています。

　そのうえで、これからの生徒指導は、後者の「児童生徒の意欲的な学習を促す指導」という積極的な生徒指導が必要であるとしながらも、昨今の学校現場の状況からは前者の「児童生徒の学習場面への適応をはかる指導」という消極的な生徒指導が求められているとしています。

　教育課程では、共通の学習内容の設定があり、すべての児童生徒に一定の水準を目指した指導が行われますが、児童生徒の一人一人は能力においても適性においても千差万別であり、どうしても落ちこぼれ・怠学傾向・非行や問題行動・不登校などの学習上の不適応を起こす児童生徒が出てきます。そのような児童生徒一人一人のもつ様々な学習上の悩みや問題の相談に温かく応じ、その能力や適性、家庭の状況などについての理解に努めること、学習上の不適応の原因を分析し、一人一人の事情に即した指導方針を打ち出し、適切な指導を行うことによって学習上の不適応におちいった児童生徒を「適応させる指導」というところに生徒指導の重要な機能があるとしています。

　生徒指導は教育課程だけでは足りないところを補う役割をもつとともに、教育課程の実施を助けることにも貢献しています。例えば、学校における教育活動の中で、教育課程外における指導や、教育課程内における学習指導を支える生徒指導の機能が働くことにより、児童生徒の学校における学習や生活態度が安定することによって、教育活動を円滑に実施することが可能となります。（『生徒指導提要』2010年版）

　ここに、教育課程内外の教育活動の展開を補正・補助していくものが生徒指導の機能であるという考え方が明確に示されていると思います。

4.　生徒指導は「管理」なのか「訓育」なのか？

　近代教育学の祖といわれ、明治期に日本の教育にも大きな影響を与えたドイツのJ・F・ヘルバルト（1776~1841）は、教育の目的を「道徳的品性の陶冶」にあるとして、その目的を達成するための教育過程を「管理（Regierung）」と

「訓育（Zucht）」と「教授（Unterricht）」という三つの作用に分けて提示しています。

「管理（Regierung）」とは、教室の秩序を実現するために生徒の欲望を統制するという外からの力による管理であり、「訓育（Zucht）」とは、生徒の心情に直接的に働きかけて内面からの力で意志を形成するための訓練であり、「教授（Unterricht）」とは、知識の伝達と習得のための教授であり、ヘルバルトは教育の過程を、この三つの作用による構造的・有機的な関連で考えました。

このなかの「管理」について、ヘルバルトは、直接的には教育的（陶冶的）な意図をそれ自体としてはもたず、「教授」と「訓育」という二つの教育作用を成り立たせる条件をつくることを意図して行われるものとしています。「管理」によって教室の秩序と落ち着きが保持できる状態になって、はじめて教育本来の役割である「教授」と「訓育」が行われうるとしているのです。積極的な教育の展開である「教授」と「訓育」の展開に障害となる要素ないし条件を除去することを任務とする消極的な作用が「管理」であるとしたのでした。

このようなヘルバルトの教育の三つの作用から考えると、教育課程内外の教育活動の展開を補正・補助して、精神的な意味で条件整備をするのが生徒指導の機能であるという考え方は、そのままヘルバルトの言う「管理」に相当するように思われます。

ただ、『手引』や『提要』における生徒指導の概念には、「人格の形成」や「個性の伸長」「社会的資質・能力の育成」というような教育的（陶冶的）な意図もふくまれており、単純に「生徒指導」＝「管理」というのではなく、「訓育」としての側面も含まれているように思われます。ある意味で、「消極的な生徒指導」＝「管理」であり、「積極的な生徒指導」＝「訓育」と言えるかもしれません。

ヘルバルト学派の教育学者であるW.ライン（1847-1929）は、ヘルバルトの三つの教育作用を、「教授（Unterricht）」と「指導（Fuhruhs）」の二つにまとめ、この「指導」の中に「訓練」と「管理」と「養護」を含めました。今日、日本の教育学でも、学校教育を大きく「陶冶（教授）」と「訓育（訓練）」の二つの機能に分けて、前者が「教科活動」などを通して知識や技能を身に付けさせる教育作用とし、後者が「教科外活動」などを通して一定の生活態度や行動

様式、それを支える感情や維持を形成していく教育作用とする考え方が主流だと思います。しかし、このような二分法だと、ヘルバルトが言っている「管理」の作用の位置づけが不明瞭になってしまうように思われます。

　また単純に「生徒指導」＝「訓育（訓練）」として考えてしまうと、生徒指導の機能である「管理」の部分（教育課程の補助・補正、精神的な条件整備という性格）が不明瞭になってしまうように思われます。

5.「管理＝経営過程」における生徒指導

　学校教育を、「陶冶」と「訓育」という二つの機能と、「教科活動」と「教科外活動」という二つの領域に分ける基本構造が一般的ですが、これとは異なった問題意識から、「教授＝学習過程」と「管理＝経営過程」というふたつのモメントからなるとする持田栄一の「学校論」があります。

　持田は、「個々の教師や子どもがすすめる教育実践」を「教授＝学習過程」と呼び、その教授＝学習過程を「人的・物的・管理運営各方面において組織し統制し指揮する作用」を「管理＝経営過程」と呼び、学校教育はこの二つの過程の交点に成立するとしました。

　機能としての生徒指導が教育課程内外の教育活動の展開を補助・補正するものであるという考え方からすると、生徒指導は、この基本構造においては「教授＝学習過程」ではなく、むしろ「管理＝経営過程」に位置づけられるものであるように思われます。

　持田は、この管理＝経営過程において機能している「教育管理」は、教授＝学習過程とは別のものとしてあるのではなく、それの成立の条件を整え、展開を支える重要な役割をはたしているとしています。この「教育管理」とは、具体的には学校を管理運営するための「組織化（統制・指揮）」と「法制（法規の運用）」であるとして、学校管理のための法的・物的・経済的な条件整備である「運営管理」と、教職員と児童生徒を組織・管理していく「人的管理」があります。

　学校を直接的に管理＝経営していくのは学校長ですが、その管理＝経営過程の職務を「校務」と言います。これを全教職員で「分担」することを「校務分

掌」といいます。生徒指導は、この校務分掌のひとつとして位置づけられ、生徒指導主事を中心として、その担当となった教員が主としてその任務にあたりますが、生徒指導は学校教育のあらゆる領域で機能させるものですので、基本的には全ての教職員が担当しなければなりません。

　校務分掌においては生徒指導部だけでなく、進路指導部、保健安全指導部、教育相談部及び学年・学級経営などで生徒指導を学校全体で指導していく体制を確立するとともに、教員だけでなく事務職やスクール・カウンセラー、スクール・ソーシャルワーカーなど他職種の専門家とも連携しながら、「チーム学校」として生徒指導を機能させていかなければならないとされています。

　そういった意味でも、生徒指導は学校における「管理＝経営過程」において働く重要な機能として位置づけて考えていくべきものであると思います。

6.　生徒指導のふたつの機能 —— discipline と guidance

　学校の教育課程を成り立たせるための重要な機能としての生徒指導には、ふたつの機能があるように思われます。

　ひとつは、教育課程の補助・補正して、精神的な条件整備を行い、生徒が落ち着いた雰囲気の下で学習に取り組めるよう、基本的な学習態度の在り方等について指導していくという、discipline としての生徒指導の機能です。この機能よって、学校の秩序維持・規律確立のための指導を行うという意味では、ヘルバルトの「管理（Regierung）」に相当するものと言えるでしょう。また、この機能を、教授＝学習過程を人的・物的・管理運営各方面において組織し統制し指揮する作用として捉えると、「管理＝経営過程」に相当するものと言えるでしょう。

　もうひとつは、生徒の人格の形成や個性の伸長・社会的資質・能力の育成あるいは進路選択や精神的健康をより望ましい方向へ向けようとするような指導をしていくという、guidance としての生徒指導の機能です。「学業指導」「進路指導」「教育相談」「保健指導」さらには「教科外活動」などを通しての「生活指導」や「道徳教育」などはこれに相当するものと思われます。一定の生活態度や行動様式、それを支える感情や維持を形成していく指導を行うという意

味では、ヘルバルトの「訓育（Zucht）」に相当するものと言えるでしょう。

　生徒指導を「機能」としてみた場合には、このようなdiscplineの機能による「管理（Regierung）」の側面と、guidanceの機能による「訓育（Zucht）」の側面という、ふたつの側面から考えていく必要があるように思います。

ブックガイド

文部省（1965）『生徒指導の手びき』
文部省（1981）『生徒指導の手引（改訂版）』
文部科学省（2010）『生徒指導提要』
飯田芳郎（1976）『「児童・生徒の指導」の理論』明治図書
持田栄一（1980）『持田栄一著作集1　教育管理（上）』明治図書

第10章
生徒指導の起源と深層

　　学校における「生徒指導」は、おそらく「近代学校」の誕生・成立とともに始まったと考えられます。近代社会に適合・適応する身体と精神をもつ近代的人間（国民）をつくりあげるために、〈従順で規律ある労働力〉を養成すること、また、それによって国民を〈管理・統制・支配〉することを目指した「近代学校」の discipline（規律・訓練）が、「生徒指導」の起源であると考えられます。このようなdisciplineとしての生徒指導は、学校における「隠れたカリキュラム」として生徒たちの身体と精神に刻み込まれ、内面化されていくのです。

キーワード

近代学校、ランカスター・システム、discipline（規律・訓練）、パノプティコン（一望監視施設）、隠れたカリキュラム

1.　生徒指導の起源

　学校における「生徒指導」は、いつ頃から、どのように始まったのでしょうか。

　日本の学校では、戦前において「生徒指導」という言葉はほとんど使われておらず、戦後アメリカの「ガイダンス理論」が輸入され、このガイダンスの訳語として「生徒指導」という言葉が使われるようになったと言われています。また、日本の学校で「生徒指導」という言葉が定着するようになったのは、1965年に文部省が『生徒指導の手びき』を発刊して以降だとも言われています。

　しかし、日本の学校で実際に「生徒指導」と呼ばれているような「指導」

は、戦後から始まったわけではなく、おそらく戦前から、もっと言えば日本で「近代学校」がつくられて以来から始まっていたものと思われます。さらには、そのような「生徒指導」は、日本の「学校」がモデルとした欧米で誕生した「近代学校」の成立とともに始まっていたのではないかと考えられます。

2．近代学校の誕生

　「近代学校」とは、近代初期のヨーロッパで誕生し、その後日本を含む世界各地に広がっていった制度（システム）です。そういった意味で、「近代学校」とは近代の制度（システム）であり、近代社会をつくっていく制度（システム）であると言えるでしょう。

　なによりも「近代学校」とは、近代社会に適合・適応する身体と精神をもつ近代的人間（国民）をつくりあげる制度（システム）なのでした。

　近代学校という制度（システム）によって、近代社会にふさわしい〈従順で規律ある労働力〉を養成すること、また、それによって国民を〈管理・統制・支配〉することを目指すものでした。

　そのために、近代学校の機能としては、①社会化（規律・統制）、②人材配分（職業的訓練、選別）、③文化的価値の内在化（知識・技能の伝達）があるとされます。

　すなわち近代学校とは、子どもたちの教育の場（成長発達させる場）という前に、まずは子どもたちを近代社会にふさわしく適合・適応できる身体と精神をもつ近代的人間につくりあげていく場であったのでした。

　いま私たちが学校の教室の光景として思い浮かべる黒板を背にして一人の教師が立ち、その前に生徒たちが机を前にして椅子に座って並んでいるという教師－生徒対面配置というかたちは、18世紀の後半に登場した「ランカスター・システム」という一斉授業の原型とされるものです。

　このシステムを考えたジョセフ・ランカスターは、教室の床がスロープをなして後方ほど高くなっていくようにつくられるべきだと提唱していました。それは「教壇から最後列の少年でも最前列の少年と同様に（教師から）見えるように」するためだとし、「これらの配置は、秩序に貢献するのみならず、教師

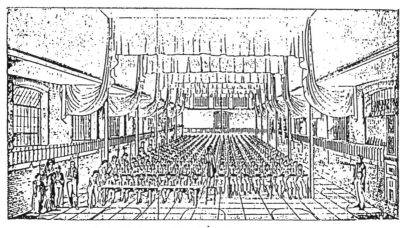

Southwark, London, Central School of British and Foreign School Society, Borough Road, early nineteenth century

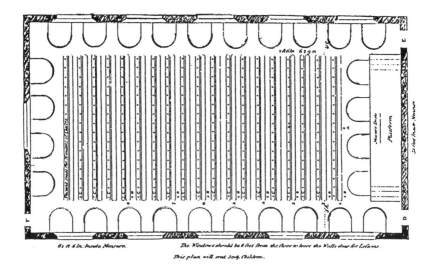

Plan of British school for 304 children

［出典］Seaborne, M., *The English School: its architecture and organization 1370-1870*, 1971, pl. 120 & 121

に違反者の発見を容易にするのである」としています。

　机を前にして椅子に座り、黒板と教師の方を向いて対面するという、学校という場で生徒が身に付けなければならない基本的な行動様式・身体技法を、教師の指導と監視のもとに習慣（ハビトゥス）として学習行動の一斉性の中で形成すること、これこそがランカスター・システムの目的なのでした。椅子に座って黒板と教師に向かっている姿勢、起立の姿勢、その手足や頭の位置まで含めて、正面から教師によって監視され規律・訓練（discipline）されるというランカスター・システムの一斉性は、教授内容にではなく、教授を受ける形式の一斉性に求められます。

　近代学校とは、まさに、近代社会に適合・適応できる近代的人間をつくりあげるために、学習行動の一斉性を子どもたちの身体と精神に刻み込むための規律・訓練（discipline）のシステムとして誕生したのでした。

3.　disciplineのシステムとしての学校

　学校が discipline のシステムであることを明らかにしたのは、フランスの哲学者M・フーコー（1926-1984）です。

　disciplineには、規律、訓練、鍛錬、懲戒、罰、しつけ、統制あるいは「規律を逸脱した際の懲罰」というような意味があります。フーコーは、この discipline という言葉を、18世紀に西洋において成立した権力のテクノロジーを解明するために用いました。

　彼の主著である『監獄の誕生』（1975）によれば、「discipline とは、従順かつ有用な個人をつくり上げることを目標としつつ、一つ一つの動作や姿勢などといった個人の細部にまで介入しようとする、支配の一般的方式のことである」として、その手段としては、絶え間ない監視、矯正に役立つ処罰、試験や検査があるとしています。

　また、discipline とは、一定の場に人間が集まることから生じる混乱を統御し、そのことからメリットを引き出すことをねらった、人のふるまいを方向づけ秩序化する技術の1タイプであり、監獄・工場・病院・軍隊・学校などが、近代的な制度として成立する際に、このような技術が導入されたとしていま

す。

　discipline の具体的な技術としては以下のようなことが挙げられます。

①それが作用する場を外部に対して閉ざされた空間として構築する。

②その空間のいたる所に活動の監視の視線が及ぶようにする。

③タイムスケジュールや号令などに基づき活動を精密に統制する。

④言動や態度の些細なことまで問題にする事細かな規則を設け、それに従わせ、違反があれば処罰する。

⑤序列を設け、その序列階上の各位置に位置づけ、序列の高低をめぐって競争させる。

⑥序列づけや賞罰をするための試験をひんぱんに受けさせる。

　近代学校は、このような技術の諸要素が結合した「discipline の装置」となることで、諸個人を「規格化」し、近代社会に「従順な身体と精神」をつくりあげていくという日常的な秩序が成立していったのでした。

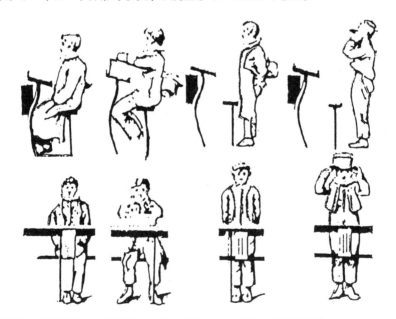

［出典］Silver, H. & J. H. Lawson, *Social History of Education in England*、1973, pp.244-245 より抜粋

4.「パノプティコン（一望監視施設）」としての学校

このような discipline の装置である近代学校は、パノプティコンという原理によってデザインされていると言われています。

パノプティコンとは、イギリスの哲学者Ｊ・ベンサムが考案した建築物（施設）で、監獄・工場・病院・学校に適用されるべく考案された「精神を支配する権力を獲得する新しい様式」を提示するものでした。

それは、円形の円周沿いに配置された独房と、円の中心を占める中央監視塔があり、監視者の見かけの偏在性によって、「見られずに見る」という視線の仕掛けがあり、囚人はつねに見られているという意識の中で匿名の監視の視線を内面化するという構造になっているのです。これによって、囚人は、物理的な権力（暴力）によらずとも、自らすすんで権力に従うようになっていきます。

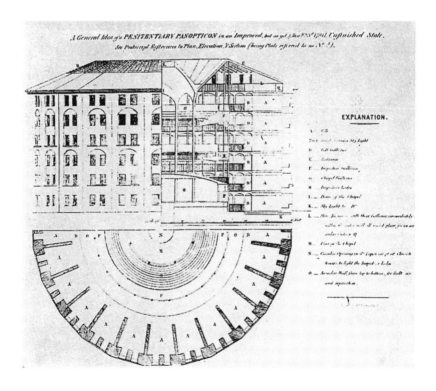

このような近代の統治技法であるパノプティコン原理によって、まなざしによって被支配者が自らを主体（sujet）と思い込む臣民（sujet）化のメカニズムがはたらき、主体化されながら隷属化していくという自己監視の主体－臣民（subect）が形成されていくのです。

近代学校の原型と言われるランカスター・システムは、その教室の構造である教師－生徒対面配置によって、システムそれ自体に「まなざし」によるパノプティコン原理がはたらくことになります。

生徒たちは、つねに教師の「まなざし」によって監視されることによって、自らを discipline（規律・訓練）することによって、自らを主体化＝隷属化していきながら、近代社会にふさわしく適合・適応できる「従順な身体と精神」をもつ近代的な人間となっていくのです。そういった意味で、近代学校とは、フーコーが言うところの discipline（規律・訓練）のシステム（装置）そのものであると言えるでしょう。

私たちが今日、日本の学校において「生徒指導」と呼んでいる「指導」は、まさに、このような discipline（規律・訓練）そのものではないでしょうか。学生たちが実際に経験してきた「生徒指導」のイメージは、「生徒たちに規則（校則）を守らせていく指導」であり、「非行・問題行動を起こした生徒への指導」でした。そして、ほとんどの学生たちは、そのような教師の「まなざし」を意識しながら、学校生活においては規律（校則）を守り、非行・問題行動を起こさずに、教師たちからの「生徒指導」を受けないような生徒として、自らを discipline（規律・訓練）してきたのではないでしょうか。

5.「隠れたカリキュラム（ヒドゥン・カリキュラム）」

学校のカリキュラム（教育課程）とは、教育目的を効率的に達成するために編成された教育計画（教える内容）のことです。

このカリキュラム（教育課程）には、公式のカリキュラム（教育課程）に対して、学習者が結果として学校で学んでいる「隠れたカリキュラム（ヒドゥン・カリキュラム）」というものがあるとされています。つまり、カリキュラム（教育課程）には、「顕在的（公式の・見える）側面」と「潜在的（うらの・隠れ

た）側面」があるのです。

　「公式の（見える）カリキュラム」としては、学習指導要領、学校教育計画、教育課程表、教科の学習内容などがあります。「隠れた（ヒドゥン）カリキュラム」としては、生徒たちが結果的に学び取って身に付けていく学習内容・行為行動習慣などがあるとされます。

　学校の教師は、基本的にはこの「公式の（見える）カリキュラム」によって学校での教育活動を行うことになりますし、このカリキュラムのことを常に意識・自覚して、その実施を意図していくことになります。

　しかし、「隠れたカリキュラム」については、教えている側も、明確にそれを意識・自覚したり、それを伝えることを意図しているわけではありません。しかしながら、現実には、教科の学習内容・知識より以上に、この「隠れたカリキュラム」によって学ばされている経験や教訓、知恵や要領のほうが、生徒たちは「身に付けている」のではないかとも言われています。

　アメリカの教育社会学者Ｐ・Ｗ・ジャクソンは、『教室での生活（*Life in the classroom*）』（1968）の中で、学校での学級という生活世界を生き抜くために必要なスリー・アールズとして、①規則（rules）②規制（regulation）③慣例（routines）の三つの「隠れたカリキュラム」があるとしています。

　生徒たちは学級生活を反復する過程で、群集の一人として落ち着いた学習態度を取るように求められます。教師の指示に従うこと、順番や時機を待つこと、集中して課題に専念することなど、「隠れたカリキュラム」の基礎学習は「我慢すること」の習得であるとされます。このような「退屈さに耐える忍耐力」だけでなく、教師の発する「暗黙のメッセージ」を読み解き、「より良く評価される」ための「社会的戦略」を身に付けていくのです。このような学校の「隠れたカリキュラム」によって、生徒たちに社会的な適応力が学ばれ、彼らは「社会化」されていくとされます。

6.「隠れたカリキュラム」で学び、身に付けていくこと

　近代学校という独特の空間と時間は、日常生活から切り離された「特別な空間と時間」が設定され、その中で「独特の生活（行動）様式」を身に付けるこ

とを要求されます。学校生活を送るということは、日常の「生活の場」から離れた「学校」という特殊な空間に隔離されることです。

　そこでは、①毎日決まった時間に登校し、下校すること。②時間割によって学習・行動の内容が区切られること。③一人ひとりに机と椅子と、それぞれの決まった位置が割り当てられること。④定型化された姿勢と行動をとることを要求されること——起立・礼・着席・整列・行進など。⑤学校（教師）の側が決めた教育内容に従って学習活動に取り組むこと。⑥教師の指示・命令には従わなければならない（上意下達のシステム）こと。⑦とりくんだ学習（行動）への到達度を評価され、格付け（ランクづけ）されること。以上のようなことは、そのような学校生活の中で学び身に付けていく「隠れたカリキュラム」の内容ではないでしょうか。

　近代学校の原型といわれるランカスター・システムが生徒たちに求める机を前にして椅子に座り、黒板と教師の方をむいて対面するという、学習というワークにまつわる身体技法の習慣（ハビトゥス）は、それ自体は学校の「公式なカリキュラム」の内容とはなりませんが、これこそが、近代学校が生徒たちに要求する「隠れたカリキュラム」となっているのではないでしょうか。

　このような「隠れたカリキュラム」が、教師たちによって監視されることによって、生徒たちの身体と精神に刻み込まれていくのが、フーコーの言うところの discipline（規律・訓練）のシステムとしての学校だったのです。

　イリッチによれば、このような学校における「隠れたカリキュラム」によって、生徒たちは「公式のカリキュラム」の内容とは別に、以下のようなことを学び、身に付けていくとされています。

①学校で学び身に付けることが意味のある知識・行動であり、学校で学び身に付けない知識・行動は、それとは性質の異なる価値の低いものである。

②秩序は他者によって決められるものであり、それを左右できる権力の保持者もあらかじめ決まっているものである。

③集団活動は正確な時間的規則をもって展開するものである。

④人間は本来平等な存在と言われるが、業績（能力）の違いは正当な差であ

り、それを乗り切るには競争的努力が必要である。

⑤教育を受けるためには学校に行かなければならず、より多くの、より高い教育を受けて評価されるためには学歴・学校歴を上昇させることである。（イリッチ、1977年）

「隠れたカリキュラム」の視点は、学校で教えられる教育内容が、そのまま生徒たちに学ばされていく（体験されていく）とは限らないということです。学校で、生徒たちは、「公式のカリキュラム」に現れている教育内容より以上の、様々な知識や経験、知恵や教訓、あるいは要領を身に付けていくのです。

7. 隠れたカリキュラムとしての「生徒指導」

　学校の「公式の（おもての）カリキュラム」には「制度化されたカリキュラム（学習指導要領など）」「計画されたカリキュラム（年間指導計画など）」「実践されたカリキュラム（単元計画やシラバス・指導案など）」があるとされていますが、それに対して「隠れた（うらの）カリキュラム」は、児童生徒たちが実際に学校で経験し、結果的にそこから学習・習得した「経験されたカリキュラム」であるとされています。

　そういった意味で、学校で実際に行われている「生徒指導」とは、その多くが「隠れたカリキュラム＝経験されたカリキュラム」として機能しているのではないでしょうか。まず、日本の学校の「公式のカリキュラム」である「学習指導要領」では、各教科や教科外活動については、じつに詳細に記述していることに比べて、「生徒指導」についての記述は、「生徒指導の充実をはかること」としているだけで、その意義・目的や指導内容・指導方法についての説明はほとんどありません。

　1965年に文部省が発刊した『生徒指導の手びき』や、その後文科省が刊行した『生徒指導提要』などには、生徒指導についての意義・目的や指導内容・指導方法についての詳しい記述がみられますが、これらはあくまでも文科省が、生徒指導のための「資料」として刊行したものです。各学校にも配布されたり、一般にも販売されたり、Web上にもアップされているようですが、現

場の教員でも読んでいる者は少なく、その存在自体を知らないという教員もいるようです。

　そうであるにもかかわらず、日本の全ての中学校・高校には校務分掌として「生徒指導主事（主任）」と「生徒指導部」が置かれ、生徒指導の担当者が決められて、生徒指導の仕事が遂行されているのです。そして、驚くべきなのは、どの中学校・高校においても、「生徒に規律（校則）を守らせる指導」と「生徒たちの非行・問題行動への指導」という生徒指導は、ほとんど例外なく取り組まれており、そしてほとんどの学生たちが、そのような「生徒指導」を受けているということです。

　このように、日本の学校における「生徒指導」は、文科省が定義・解説している「公式のカリキュラム」としてだけでなく、生徒たちのほとんどが実際に経験している「隠れたカリキュラム」として機能しているように思われます。

　このような「隠れたカリキュラム」としての「生徒指導」を受けることによって、生徒たちは、その中に埋め込まれた権力的な関係（支配−被支配）を無意識のうちに内面にとりこみ、それに自ら従っていくように discipline（規律・訓練）され「主体化＝臣民化」されているのではないでしょうか。

ブックガイド

ミシェル・フーコー／田村俶訳（1977）『監獄の誕生──監視と処罰』新潮社
イヴァン・イリッチ／東洋・小澤周三訳（1977）『脱学校の社会』東京創元社
桜井哲夫（1984）『「近代」の意味──制度としての学校・工場』日本放送出版協会
寺崎弘昭（1995）「近代学校の歴史的特異性と〈教育〉」『講座学校第1巻　学校とはなにか』柏書房

第11章
日本における生徒指導の起源

　学校において実際に行われている「生徒指導」の起源が、欧米における「近代学校」の誕生・成立にあるとするならば、日本の学校における「生徒指導」の起源は、戦後、アメリカの「ガイダンス理論」が輸入されてからでも、1965年に文部省が『生徒指導の手びき』を発刊して以降でもなく、明治時代になって欧米の学校をモデルとした「近代学校」の導入されたことからであると考えられます。日本における「生徒指導」は、どのようなかたちで始まり、どのような「指導」として行われてきたのでしょうか。

キーワード

学制、勅令主義、小学生徒心得、学校管理法、教化、躾方、教授・訓練・管理の三分論

1. 日本における近代学校の成立

　1872（明治5）年の「学制」は、日本最初の近代的学校制度を定めた教育法令です。これによって成立した日本における「近代学校」は、外国（欧米）からの輸入品でした。全国各地に新しく建築された「近代学校」は、洋館的な校舎と椅子と机が並んだ教室など、それまでの日本人が見たこともないような、モダンな建築様式と空間配置になっていたのでした。

　近代のシステムとしての「近代学校」は、近代化をすすめるための学校であり、明治維新後の日本にとっての学校は、日本が近代国家になるために必要な制度（システム）なのでした。

　この時、日本が目指していた近代国家とは「富国強兵」と「天皇制国家主義

[出典] 林多一郎『小学教師必携補遺』1874年

国家」であり、そのような近代国家を確立するための制度（システム）が、日本における「近代学校」なのでした。したがって、この時に日本に誕生した「近代学校」は、あくまでも国民を支配し統制するためのシステムとしての学校であり、そこでの教育は、国民の義務としての教育でした。

　1886（明治19）年の「小学校令」では国民に就学義務を強制しました。そこには、「教育ハ……国家生存ノ為ニ臣民ヲ国家的ニ養成スルニアリ」とされ、「就学セシムル義務ハ児童ニ対シテ負フニ非ズシテ国家ニ対シテ負フ」として、保護者の就学義務は、子どもに対する義務ではなく、臣民としての国家への服従の義務であるとされました。

　また、明治憲法のもとでは、「教育」は天皇大権の一つとして天皇＝国家の手に握られ、教育勅語を頂点として、国民道徳の形成を主眼とする国家主義教育が行われました。日本は万世一系の天皇が支配する国であり、神の子孫である天皇の臣民（けらい）である国民は、天皇の命令には絶対に従わなければならないとされたのでした。

　当時の日本の教育を規定していたのは「法律」よりも「勅令（天皇の命令）」であり、学校教育は「勅令」にもとづく権力的行政による「権力作用」であると解され（勅令主義）、学校は「営造物」として行政の管理に服し、「特別権力関係」が成立し、法律によらない統制・支配が行われるものとみなされたのでした。

2.　生徒指導の起源──「小学生徒心得」

　日本において実際に学校で行われる生徒指導の起源といえるものは、1873

（明治6）年に当時の文部省が作成した「小学生徒心得」だと思われます。この「心得」は、全17条からなり、学校内における生徒の行動様式が規定されているもので、まさに今日の「校則（生徒心得）」の起源、原型となるものだと思います。

　その第一条には、「毎朝早く起き顔と手を洗い、口を漱ぎ髪を掻き、父母に礼を述べ、朝食事終れば学校へ出る用意を為し、先づ筆紙書物等を取揃へ置きて、取落しなき様致す可し」、第二条には、「毎日参校は受業時限十分前たるべし」、第三条には「校に入り席に就かんとする時教師に礼を致す可し」、第四条には、「席に着きては他念なく教師の教え方を伺い居て仮にも外見雑談等を為す可らず」、第六条には「受業の時刻至れば控席に於て銘々の席に着き教師の指図を待つ可き事」というように、登校から下校に至るまで児童生徒が行わなければならない一挙手一投足が、事細かに規定され、それを掟書形式で列記したものでした。

　このような、毎日学校に登校する、教室に入り決められた自分の席に着く、黒板と教師の方を向いて対面し、教師の話をきちんと聞くというようなことは、「近代学校」という場で、生徒が身に付けなければならない基本的な行動様式であり身体技法の習慣（ハビトゥス）そのものです。

　このような習慣（ハビトゥス）を学習行動の一斉性の中で形成することが、近代学校の原型であるランカスター・システムの目的なのでしたが、この「小学生徒心得」は、日本における「近代学校」のスタート地点で、それを日本の子どもたちに discipline（規律・訓練）することを意図して作成されていたのでした。

　当時、文部省が作成したこの「小学生徒心得」を基本にして、各府県や個人による「心得」が、全国で数多く発行され、学校における規律の維持に役立てられたと言われています（県によっては文部省心得にない独自の禁止事項を規定していました）。

3.　「学校管理法」と「教化」
——教授のための児童管理としての discipline

　近代日本における「学校」の導入にあたっては、その制度・設備・管理・運

営方法について当時の欧米の教育理論・教育書から多くを学んで（模倣して）います。当時の教師用教科書としての『学校管理法』には、教育機関としての学校を維持管理運営する方法について書かれてあり、その内容のほとんどが当時の欧米の教育学者たちの「教育論・学校論」「学校管理法」を翻訳したり、参考にしたものでした。

　ここで注目すべきなのは、当時の『学校管理法』のほとんどが、基本的にdiscipline を学校管理の中心的な機能とみていたことです。

　明治7年に紹介された「学校管理法」のひとつであるウイエルスハム（米）の『学校通論』では、第一章学校の設備、第二章学校の編成、第三章学校の事業、第四章学校の政務、第五章学校の職員という構成になっており、その第四章学校の政務のところでは、学校の修身法、学校の賞罰、学校の法律等について、特に児童生徒の「躾」を中心に、賞罰その他のことを詳しく論じています。ここでいう「躾」とは、教授能率をよりよくするための、教授法との関係における「躾」であり「賞罰」であるとされています。

　欧米の教育書（学校管理論）では、児童生徒管理の目的は校内の秩序と教師の権威の確立・維持であり、教授のための手段にすぎないものとみなし、児童生徒に対する規則は必要最小限度にとどめるべきだと説いていました。一般的に学校における規律・罰則の必要を積極的に認めながらも、罰則の適用には客観的な基準と厳格な手続きが必要であり、教師による規則の恣意的運用は認めるべきではないという「罪刑法定主義」と「公正手続きの原則」の考え方が踏まえられていました。

　1881（明治14）年の西村貞訳述『小学校教育新編』では、「スクール・マネージメントト訳シテ学校管理法ト云フ」として「教員ノ使雇及ヒ其勤労並ヒニ校舎・校具・器械・学資ノ徴収及ヒ支出等ノ運用セル司轄」と「学校維持法・編成及ヒ教化等ノ名辞ニ含メル所ノ学校教師の事業」と定義しています。

　さらに、「ジシプリン訳シテ教化ト云フ」、「教化ハ、教育ト教授トヲシテ成就セシムルニ適スル手段」其ノ目的タル、整斉・従順及ヒ勤勉ニ児童ヲ馴習スルニ在リ」「教化ハ学校政治ノ警察ナリ、其期途ニ非スシテ、是ニ達スルノ手段ナリ」として、「discipline ＝教化」が、学校における教育・教授が成立するための前提条件を整えるための重要な手段であるとして位置づけていました。

　このように、当時の「学校管理法」における「管理」とは、たんに学校の制度・設備・編成・職員などの維持管理だけでなく、学校における教授を成立させるための手段としての「discipline ＝教化」である児童生徒管理をも含むものだったのでした。そして、このような児童生徒管理こそが、日本における生徒指導の起源であるように思われます。

4.　disciplineとしての「躾方」

　1882（明治15）年の伊沢修二『学校管理法』では、「学校管理ノ目的、校具整理法、分級法、課程表製法、校簿整頓法、器機、校舎、園庭等ニ関スル諸件及生徒躾方等」として、「躾方」という児童生徒管理も、学校管理の目的に含まれるとしています。その「躾方」による「管理」とは、「確然判定セル所ノ規律ニ依テ他ノ動作及行為ヲ指揮制御スル謂ニシテ殊ニ学校ニ於テハ校官若クハ教師ノ生徒ニ対シテ規律ヲ設ク其各個若クハ全体を統御スルノ法ヲ謂フナリ」として、学校の教員が児童生徒を規律によって統制するものであるとしています。

　さらに「躾方」による学校管理の目的は、「生徒ノ勤勉善行ヲ興起保全シテ他日学成業遂クルノ後日ヲ其身ヲ制シ其行ヲ規スノ方向ニ導クニ在ルナリ」として、たんに秩序維持のための管理だけでなく、生徒を正しい方向に導くためのものという、徳性の育成を含むものとして示されています。

　1890（明治23）年の生駒恭人『学校管理論』では、「英語ジシプリン訳シテ躾方ト云フ語」として、その学校教育的価値は「（一）学校ノ業務ヲシテ平滑ニ倣シ得ルモノトス、……（二）躾方ハ教師自己ノ安慰ト平静トニ必要ナルモノナリ、（三）躾方ハ生徒ニ満足ナルモノトス、蓋シ児童ハ其哀情ニ於テ便宜ナル支配ヲ受ケ懇篤ナル管理ヲ受クルコトヲ好ムモノナリ、（四）躾方ハ秩序ノ整斉及ヒ規則ニ服従スルノ習慣ヲ結収ス、……（五）躾方ハ智力ノ発達及ヒ道徳ノ成長ニ至大ノ助勢ヲ与フルモノナリ」としています。

　ここには、「躾方＝ discipline」が、たんに教育・教授の前提条件を整えるものだけでなく、生徒の徳育の手段・方法であるという、徳育をふくむ教育機能として位置づけられています。

　1894（明治27）年の山高幾之丞『実験小学管理術』では、「学校管理ノ目的トスル所ハ、一ハ、秩序ヲ保チテ、教授ノ功力ヲ保助シ、一ハ、意志ヲ訓練シテ、品性ノ発達ヲ養護スルニアリ。而シテ、二者ノ軽重ヲ比較スルニ、後者ノ重キハ、論ヲ俟タズ。」とあり、学校管理（躾方）の主要な側面は「秩序保持」だけでなく、そのような規律・規範を生徒に身に付けさせることよって「徳性」を育もうとする、「生徒統制に徳育を期する」ものであるとしています。

　このような当時の「学校管理法」における「discipline」の解釈が「教化」から「躾方」へと変わり、単に学校の秩序維持のための児童生徒の管理統制にとどまらず、それによって徳育を育もうとするものになっていく背景には、「生徒心得」が「心がけ作法書」へと変質していく契機となった1879（明治12）年からの「教育議論争」と、その後の「儒教主義の復活」によって日本の教育の基本方針が転換していったことがあるように思われます。

5. 「躾方」の徳育化——教師の品性と権威による“しつけ”

　「躾方＝discipline」の目的は、「児童ヲ整斉従順ト勤勉ニ馴習スルニ在リ」、「教育ト教授トヲシテ成就セシムル」ためであり、そのためには児童の行動の規制だけでなく、それを通して内面も育成（統制）しなければならないというのは、まさにフーコーが『監獄の誕生』で述べている近代の権力の技術である「discipline」そのものであると言えます。

　能勢栄は、学校の管理の中心的機能として「躾方＝discipline」を挙げています。

> 　「躾方トハ教師ガ生徒ニ向ヒテ正シキ行為ヲ勧メ、悪シキ行為ヲ抑ヘ、規律ヲ保チ注意ヲ起シ、勉強耐忍ノ習慣ヲ付ケ、柔順温和ノ性質ヲ養ヒ、<u>自治ノ人物ヲ造リテ</u>、以テ教育ヲ受クルニ適当ナル性情ヲ備ヘシムルニアリ、故ニ躾方ハ教師ヲ助ケテ実効ヲ奏セシムルヲ目的トス」「生徒ガ我儘放埒ニシテ<u>自治自訓ノ心ナキトキハ</u>教師ノ骨折ハ水泡ニ帰スベシ」（『学校管理術』1890）

　ここには、管理＝discipline を、教師が規律によって統制支配するだけでなく、生徒自身の自律によって自ら教育を受けるにふさわしい行為・行動がとれるような人物になっていくという、自治・自律主義ともみられる立場がみられます。

　能勢によれば、「躾方」の成否は教師の品性に関係するものであり、規則によって生徒の心身を律し、他律的に生徒の行為を抑制することによって達成されるものではなく、教師には「威権、決断、規則、礼儀、清潔、生徒ヲ愛スル事……」のような品性が求められるとしています。それに応えるかたちで、生徒には「秩序、勉強、従順、自治、清潔」などの品性が求められるとしています。ここで、特に「自治」を生徒の品性として挙げている点に、彼の自律主義的立場がうかがわれます。

　教師は「管理」の実行者であり、被実行者の生徒の「権利及義務に関する法の知識を知り、それを行う「実力」をもったうえで、その「知識」「実力」と「正当」に行使する「心術（てだて）」が必要とされます。そのような「生徒の信服を得る法」として「恩」すなわち「愛ヲ以テ主ノ為」すことが挙げられました。生徒を「服従」させるにおいて、教師の「権威」authority と「愛」love によって、子どもの従順を勝ち取ることが重視されたのでした。

　そのためには、教師は「品行ヲ現正」「信用ヲ得」「悪行ニ陥ルコトナキ」「生徒ノ模範タルヘキ者」となることで、生徒を服従させるとともに、生徒との感情的な関わりによって服従させ、その感情を育成するという「管理術（方法）」を身に付けることが求められたのでした。

　このような教師の品性・品格による児童の統制と徳育、それによって「生徒ニ自理自働セシムルコト多キガ故ニ自働の精神ヲ強固ナラシメル」ことと、「児童ノ自働作業・独立自営の精神」を育成することが「躾方＝discipline」が目指すところなのでした。

6.　「管理」の分化
──disciplineによる「児童生徒管理」と「法令準拠の学校管理」

　1890（明治23）年の能勢栄『学校管理術』では、「教師ガ何程知識ヲ有シ、授業法ニ巧ミナルトモ、躾方ノ法ヲ知ラザレバ知識モ授業法モ無効トナルナ

リ、而シテ授業法ト躾方ハ車ノ両輪ノ如ク、相待チテ教育ノ目的ヲ達スルニ原素ヲナスモノナリ」として、「授業法・躾論の二法論」が述べられています。

　また、1894（明治27）年の山高幾之丞『実験小学管理術』では、「教育ノ目的ヲ遂グルニ、教授・管理ノ方術ノ必用ナル所以」「学校ノ管理ト知識ノ教授トハ、互ニ関連シテ、須臾モ相離ルベカラザルモノナリ」とされ、同年の伊沢修二校定、寺尾拾次郎編『学校管理法』では「管理法ハ、授業法トハ、元来、別物ナリ」「授業法ハ、生徒ニ、学業ヲ授クルニ、如何ナル方法ヲ用ヒバ、尤モ好結果ヲ奏スベキカヲ講究スル方法ニシテ、管理法ハ、学校運転ノ処理法ナレバナリ」となっているように、明治20年代の学校管理法の研究は「教授法・管理法の二法論」を背景として行われていました。

　ところが、明治30年の田中敬一編「学校管理法」では、「学校管理法とは、通常教授及び訓練と並称する所の管理と相等しからずして、稍広き意義を有す、…所謂学校をして教育に適当なる情況を保たしむとは、前に挙ぐる所の諸項の組織及び之が運用の方法、其の宜しきを得て、教授及び訓練をして最も実功多からしむるの謂ひなり」と書かれているように、明治30年代以降の日本の教育界において、「教授・管理二分論」はヘルバルト学派の思想の影響から「教授・訓練・管理の三分論」へと変化していきます。

　小泉又一の、「学校の管理は之を教授訓練に比すれば、教育上寧ろ間接の作用なりと謂うべし。然れども、教授と訓練とは管理と相待ちて始めて其の効を全くするものなれば」というように、「教授」と「訓練」は「管理」と相俟ってその効果を挙げることができるとする「教授・訓練・管理の三法論」は、明らかにヘルバルト学派の思想の影響、特にライン（Rein,W.）の"Zucht"の思想の影響であると言われています。しかし、当時の日本の「教授・訓練・管理の三分論」は、かならずしもヘルバルトが言っていたような「教授・訓練・管理」と同じような意味ではありませんでした。

　明治30年代の「管理」は、それまでの「教授と管理の二分法」を受けて、これに「訓練」を独立・付加したものであり、そこでいう「管理」は従来の「学校管理」を意味するものでした。ヘルバルトのいう「管理」は「教室の秩序を実現するために生徒の欲望を統制するという外からの力による管理」とされています。そういった意味では、これは明治初期の日本の「学校管理法」に

おける「躾方＝discipline」による「児童生徒管理」に相当するものといえます。

　日本の「教授・訓練・管理の三分論」における「訓練」という概念には、ヘルバルトのいう「管理」を内に含んだものとして構成されているように思われます。

　他方「管理」という概念には、「学校管理法」における「教化」や「躾方」というdisciplineとしての側面を除いた、制度・施設・編成・教員などについて法令に基づいた行政的な学校管理を意味するようになっていきました。

　明治25年公布「尋常師範学校の学科及其程度」の改正によって、日本の「学校管理法」は「教育法令及学校管理法」のように教育法令と結びつき、その教授内容は「教育ニ関スル現行法令規則ニ基キ学校ノ設備経済衛生等ノ方法ヲ授ケ兼ネテ地方制度ノ大要ヲ授ク」という法令・規則を中心とする学校管理法となっていきます。明治30年代以降の「学校管理法」の大部分が「尋常師範学校の学科及其程度」を解説したものが多くなり、教育行政の中央集権化・画一化の強化がすすんでいきました。

　明治37年樋口勘次郎編『小学校管理法』においては、「ここで言う管理は市町村は……を管理すの管理ともヘルバルト派の管理とも違う。前者は学校を外部より支配するを意味し後者は教授及訓練の予備として一教室内の秩序を維持せしめるために直接に生徒に対して施す教育作用の一種なり」というように、「管理」を「学校を外部より支配する意味」である「行政的管理」と、「教室内の秩序を維持するための教育作用」である「児童生徒管理」という二つの「管理」に分ける考え方が示されていますが、30年代から明治の終わりまでの「学校管理法」のほとんどすべては前者の法令準拠式の画一的な学校管理法になっていきました。これによって、明治10〜20年代を支配した学校管理法の中心機能を規律あるいは躾方＝ discipline に求める管理論は、明治30年代にはいって跡を絶っていくことになります。

　すなわち、明治初期の「学校管理法」における「管理」の考え方は、「児童生徒管理」である「躾方＝discipline」や「徳育」が三分論の「訓育」の中に流れ込み、一方で三分論の「管理」の方には「躾方」や「徳育」などが除かれた法令に基づく行政的な「学校管理」が流れ込んでいったといえるでしょう。

　日本における実際の学校で行われている「生徒指導」は、このような明治期の「教授・訓練・管理の三分論」の考え方における「訓練（訓育）」の流れの中にあるものだと言えるでしょう。そして、その起源は、明治初期の「学校管理法」における「教化」「躾方」といったdiscipline による「児童生徒管理」にあるように思われます。

ブックガイド

水谷智彦（2014）「教師の懲戒権規定の前史――小学生徒心得・罰則の変化に着目して」『立教大学教育学科研究年報』(58)

松野修（1986）「明治前期における児童管理の変遷――小学生徒心得書、小学作法書、学校管理法書を手がかりに」『教育学研究』53巻4号

藤井真理（1993）「日本近代学校教育秩序成立期における徳育方法としての『学校管理』論」『日本教育史研究』第12号

藤田昌士（1973）「明治二十年代における訓育（訓練）概念の形成」『学校教育学の基本問題』評論社

山本敏子（2015）「明治期の学校管理法と「しつけ」の変遷（下）――イギリス近代学校の"discipline"の受容」『駒澤大学教育学研究論集』第31号

森重雄（1993）『モダンのアンスタンス――教育のアルケオロジー』ハーベスト社

第3部
disciplineとしての生徒指導

第12章
校則と生徒指導

　学校における理不尽で不合理な「校則」（ブラック校則）の問題が世間の注目を集めたのは2017年、大阪の女子高生の黒染め訴訟からでした。この問題はその後、国会でも取り上げられるなど、見直しを求めるような動きが全国的に起こりました。そして2022年、文部科学省は『生徒指導提要』の改訂において、校則の見直しについて具体的な事例を挙げながら、その取り組みをすすめることを求めました。いったい学校の「校則」とは、なんのためにあるのでしょうか。その見直しは本当に可能なのでしょうか。

キーワード

校則、小学生徒心得、特別権力関係論、在学契約説、校則裁判、校則の見直し、子どもの権利条約

1. ブラック校則問題から『生徒指導提要（改訂版）』での「校則の見直し」へ

　「校則」の問題が世間の注目を集めたのは2017年、大阪の女子高生の黒染め訴訟からでした。

　このことが契機となって「生まれつきの髪の色を黒く染めさせる」以外にも、「下着の色は白でなければならない」とか「日焼け止めやリップクリームの禁止」などという理不尽な「ブラック校則」を問題とする世論が起こり、国会でも取り上げられる（2018年3月）など、見直しを求めるような動きが全国的に起こりました。

　このような「ブラック校則」が社会的に問題となったのは、校内暴力が頻発し体罰や校則による厳しい指導が広がった1980年代以来のことではないかと

思います。当時の「荒れる学校」を鎮圧化するために、校則によって厳しく生徒を指導する「管理主義」の横行が、生徒の人格の尊厳を傷つけ、人権を侵害するものではないかという声が生徒や保護者たちから上がり、それが大きな社会問題となったのは1985年くらいからだったと思います。その後、この問題を日弁連や人権擁護団体なども取り上げたこともあり、文部省も1988年には「校則見直し」を全国の教育委員会に求めたほどでした。

　それから30年以上たった2022年、文部科学省は『生徒指導提要』の改訂において、本文中に「校則の運用・見直し」という項目をたてて、校則の見直しについて具体的な事例を挙げながら、その取り組みをすすめることを求めました。

　第一に、「校則の意義を適切に説明できないようなもの」や「校則により、教育的意義に照らしても不要に行動が制限される」というような「ブラックな校則」について、「本当に必要なものか」を絶えず見直しを行うことを求めています。

　第二に、その見直しについては、「児童生徒や保護者等の学校関係者の意見を聴取した上で定めていくことが望ましい」とし、校則制定・見直しのための手続きもあらかじめ子どもや保護者に示しておくことも推奨しています。

　第三に、「校則を見直す際に児童生徒が主体的に参画することは、学校のルールを無批判に受け入れるのではなく、自身がその根拠や影響を考え、身近な課題を自ら解決するといった教育的意義を有する」として、校則見直しへの児童生徒の「参加」についても明記しています。

　今回の『生徒指導提要』の改訂で、文科省が校則の見直しについて、ここまで踏み込んだ表現にしたのは、昨今のブラック校則問題からだけでなく、「子どもの権利条約」の理念と内容が「生徒指導」にも活かされなければならないということもあるのではないかと言われています。

2.「校則」には何が書いてあるのか？

　学校で生徒が守らなければならない決まり・ルールの多くは、「校則」あるいは「生徒心得」と呼ばれ、それはたいてい「生徒手帳」に記載されたり、年度の初めに担任の先生が配布するプリントに記載されています。そこには、ど

のような内容が書かれているのでしょうか。

　一つは以下のような<u>学校における集団生活上の規律（規則）</u>であり、児童生徒として守らなければならない決まり・やってはいけないことが書かれています。それを守らなければ教師から注意・指導・叱責されたりします。

---

(1) <u>頭髪</u>——中学生・高校生らしい髪型、長さ（3原則—眉・耳・襟にかからない）、形（丸刈り指定、リーゼント・角刈り禁止）色・質（茶髪・脱色・カール・パーマの禁止）……

(2) <u>服装（制服）</u>——かつて男子は黒の詰襟、女子はセーラー服（どちらも明治の軍服が原型）が多かったが、最近は男女ともブレザー型が増えてきている。さらに、髪留め、ベルト、靴、靴下、コート、下着の色まで規制・指定される。

(3) <u>所持品</u>——学校生活に不必要な物は持ってきてはならない（高額な金品、危険な物、ゲーム機）。携帯（スマホ）については小学校は禁止、中・高は条件つき持ち込み可が多い。

(4) <u>礼儀・マナー</u>——あいさつ、礼、おじぎ、会釈、言葉遣い、職員室の出入り、給食のマナー

(5) <u>校内生活</u>——登下校、授業時間、休み時間、昼休み、放課後、清掃、日直当番、施設利用規定

(6) <u>校外生活</u>——外出時間、外出時の服装、出入り禁止場所（親の同伴）、旅行・キャンプの届け、アルバイトの禁止（許可）、運転免許の取得（バイク免許の禁止、三ない運動）など

　もう一つは、<u>人としての道徳規範のようなもの</u>です。児童生徒として学校生活を送る上での心のもち方で「〜しましょう」「〜を心掛けましょう」というものです。たいていは抽象的な訓示のようなもので、守らないと注意されるというよりも、むしろそのようにすれば評価され褒められるというものです。

　このように学校で生徒が守らなければならない決まり・ルールには、性質の異なる様々な規律（規則）や道徳的な規範、訓示のようなものが混在しているのです。

3.「校則（生徒心得）」とは何か？

　学校で生徒が守らなければならない決まり・ルールのことを、「校則」と呼びますが、この「校則」という言葉は法律用語ではありませんし、「校則」には明確な成文法の根拠はありません。つまり、現行の法律や行政上の命令の中に「学校は校則を定めることができる」というような規定はいっさい書かれていないということです。

　「校則」は、「校規」や「生徒規則」などと呼ばれることもありますが、圧倒的に多くの学校（8割以上）では「生徒心得」と呼ばれています。一般的に「心得」は、その組織・集団の上位にいる者が、下位にいる者に対して、日常心に留めておくように注意する文書を意味します。従ってそれは、社会における「法律」のようなものというよりは、宗教団体の「戒律」に近いものと言えます。

　この「校則（生徒心得）」の原型となったものは、1873（明治6）年に文部省が制定した「小学生徒心得」であると言われています。これは「学制」の制定の翌年であり、まさに日本の「校則＝生徒心得」は、学校の成立とほぼ同時に成立したことになります。

　全部で17条からなる「小学生徒心得」には、以下のような内容が書かれていました。

第一条　毎朝早ク起キ顔ト手ヲ洗ヒ口ヲ漱ギ髪ヲ掻キ父母に礼ヲ述べ朝食終レバ学校ヘ出ル用意ヲ為シ先ヅ筆紙書物等ヲ取揃ヘ置キテ取落シナキ様致ス可シ
第二条　毎日参校ハ受業時限十分前タルベシ
第三条　校ニ入リ席ニ就カントスル時教師ニ礼を致ス可シ
第四条　席ニ着キテハ他念ナク教師ノ教ヘ方ヲ伺ヒ居テ仮ニモ外見雑談ヲ為ス可カラズ

　このように、生徒が学校に登校してから、やらなければならない行動（教室に入ったら自分の席に着いて、授業の時は教師の方を向いてしゃべらない——な

ど）が、「小学生徒心得」には事細かく決められ、それらは「可シ」とか「可カラズ」という命令や禁止によって子どもたちに強制されたのでした。

　1872（明治5）年に「学制」が制定されるまで、日本人のほとんどが、学校がどのような制度であり、そこで生徒たちがどのような行動をすべきなのかを知りませんでした。まさにこの「小学生徒心得」は、近代的な「学校」という制度に適応するための「一定の行動様式」のあり方を示しているのです。

　すなわち、「学校」という制度と「生徒心得」とは、日本が近代国家になるために、国民が近代社会に適合していく「一定の行動様式」を身に付けるためのものとして、国家が国民に対して「おしつけた」ものといえるでしょう。

　このような「校則（生徒心得）」の原型である「小学生徒心得」を制定した当時の文部省は、これを「学制」や「教育令」あるいは「教育勅語」のような法律・勅令としては示さず、これを参考にして各都道府県や各学校において、それぞれの「生徒心得」を作成させ、それを各学校の子どもと教師たちに示して、これを自ら守らせるような形をとったのでした。

4. 生徒は学校が決めた「校則」には従わなければならない ——「特別権力関係論」

　なぜ生徒は「校則」を守らなければならないのでしょうか？

　先にも述べたように、「校則」には明確な成文法による根拠はありません。また、文科省からも「学習指導要領」のような「校則」についての細かなガイドラインは示されてはいません。いったい「校則」というものは、誰が決めて、なぜ守らなければならないのでしょうか。その理由として言われる一つに、「児童生徒は、学校が決めたことや教師の言うことは聞かなければ（従わなければ）ならない」というものがあります。

　その理論的な根拠が「特別権力関係論」というものです。これは、学校は、行政上の公の施設である「営造物」にあたり、「校則」は営造物主体により営造物利用関係における「命令」の一つである、という考え方です。営造物とは聞きなれない言葉ですが、学校だけでなく公立の図書館、博物館、公民館、病院などすべて行政法学上は営造物になります。このような営造物を管理運営する営造物主体は、利用者に対して、具体的な法律の根拠に基づくことなく、必

要な規則を定めたり、命令を強制したりすることができるとされ、公務員とか国公立学校に在学する児童生徒と国や公共団体の関係は、一定の目的のための法律や同意に基づいて生じるものなので、その目的達成に必要な合理的な範囲で、法律の根拠がなくとも命令を強制できるというのが「特別権力関係論」です。

これによると、学校の児童生徒と学校の管理運営する学校長（および教員）との関係は「特別権力関係」にあたるので、学校は教育目標を達成するため、学校内の秩序を維持するために、その必要な範囲内で、生徒の行為に規制を加えたり、指示・命令することが認められるとされます。したがって「校則」は、学校という営造物の利用のための必要なものして、生徒の行動への制約や指示・命令を文章化したもの、となるのです。

このような「特別権力関係論」は、戦前のドイツ帝国憲法下における法理論の一つとして生まれ、戦前の大日本帝国憲法下でも官吏の法律関係を示すものとして取り入れられていました。しかし、戦後の日本国憲法制定後においては、法の支配や基本的人権保障の原理からも、通用しないのではないかという学説もあります。そこで、戦後の判例の中に登場してきたのが「部分社会論」と言われる論理です。

5. 学校は特別な「部分社会」だから従わなければならない ──「部分社会論」

「部分社会論」とは、学校は一般社会とは異なる特殊で自律的な「部分社会」であり、その設置目的を達成するために必要な事柄については、法律上の根拠がない場合でも校則等によってこれを規定し、実施することのできる自律的・包括的な権能を有しており、学校での内部規律については外部から（司法審査が）干渉すべきでない、とする法理です。

「学校は公立私立を問わず、生徒の教育を目的とする公共的な施設であり、法律に格別の規定がない場合でも、学校長は、その設置目的を達成するために必要な事項を校則等により、一方的に制定し、これによって在学する生徒を規律する包括的権能を有し、生徒は教育施設に包括的に自己の教育を託し、生徒としての身分を取得するのであって、入学に際し、当該学校の規律に服するこ

とが義務付けられる」（バイク三無い原則違反退学訴訟での千葉地裁判決、1987年10月30日）

　以上のような判例に示されているように、「部分社会論」は、「部分社会」として認知される団体・組織は人的集合体であるから、その団体内で規律を保つために規定や手続きを定める必要があり、その手続きに一定の合理性がある限りその手続きを承認して団体に入ったものはその適用を受けるという考え方に基づいています。

　「特別権力関係論」との違いは、当該個人がその団体すなわち部分社会に入るか否かの自由を有していること、その団体が独自の処分権限を有することを事前に承認した上でその団体に入り、その承認した手続きに基づき処分されたのであるから、その点においては事前の同意があったとみなされることです。

　しかし、公立の小学校中学校においては、基本的に児童生徒や保護者に入学する学校を選択する余地はなく、「部分社会」である学校に入るか否かの選択の自由があるのかという問題や、「部分社会」の中で決められた内部の規律は、憲法をはじめとする法令に違反していてもいいのか、その内部での権利侵害に対して司法審査は及ばないのか、など様々な問題があるとされています。

6.「校則」は「契約」だから守らなければならない──「在学契約説」

　なぜ「校則」を守らなければならないのかの理由付けとしてよく言われるのが、「この学校にあなたは望んで（分かっていて・納得して）入学してきたのだから、この学校のきまり（校則＝生徒心得）に従うのはあたりまえでしょう。嫌ならこの学校を辞めるか、別の学校に入学すればよい」というものがあります。「部分社会論」は、ほぼこのような理由付けによるロジックをとっていますが、これとは別に、「校則」は学校と児童生徒との「契約」だから守らなければならないという「在学契約説」があります。

　公立の小中学校の場合は児童生徒に学校を選択する余地はほとんどありませんが、私立学校や高等学校においては、基本的にどこの学校に入学するかを選択できます。すなわち、その学校に生徒が入学してくるのは、その生徒（と親）の自発的な意志と選択によるものです。その学校がどのような教育方針や

教育内容をもち、どのようなきまり（校則＝生徒心得）があるのかも、ある程度認識し承知した上で入学を希望して入ってきたのだから、それは双方合意して「契約」を結んだのと同じなので、その学校の教育や教師の指導に従うのは当然だという考え方です。

　皆さんは、高校に入学したときに、学校に提出する様々な書類の中に「宣誓書・誓約書」というものが入っていたのを覚えているでしょうか。この「宣誓書・誓約書」には、「この学校に入学したからには、この学校の規則を守り、生徒の本分を尽くします」などと書かれていて、そこに入学者本人と保護者が署名捺印するようになっていたはずです。ある意味、これが学校と入学者（その保護者）との「契約書」のようなものになっているのです。私立学校の場合は、先の「特別権力関係論」は適用できませんが、学校と生徒との関係は私法上の符合契約に基づくとされていますし、この「宣誓書・誓約書」によって、公立学校と同様の契約関係が結ばれていると解されています。

　このように「特別権力関係論」「部分社会論」にしても、そして「在学契約説」にしても、その学校に入学した生徒は、その学校の決めた「校則」を守らなければならないし、教師の指導や命令には従わなければならないという点においては変わりありません。けれども、本当にそうなのでしょうか？

7.「校則」の内容は誰がどうやって決めたのか？

　一般的な「法律」は、憲法の下、国会において、国民から選ばれた代表者である国会議員による審議によってその制定や改廃が決められます。では、学校の「校則」は、誰が、どのように決めているのでしょうか？

　「校則」をめぐって、その内容が「憲法違反」ではないかということで裁判になったことがあります。1985（昭和60）年に熊本地方裁判所で判決が下った「熊本丸刈り校則事件」です。これは、熊本県下の町立中学校に入学した生徒と両親が、「丸刈り、長髪禁止」という校則の服装規定について、憲法14条（平等権）、31条（適正手続）、21条（表現の自由）に違反するとして、その無効を求めて熊本地裁に訴えたものです。この訴えに対して、地裁は、憲法のいずれの条文においても違反するものではないという旨を判示しています。

　その上で、同地裁は、「校則は各中学校において独自に判断して定められるべきもの」として、<u>中学校長</u>が、教育目的実現のために、生徒を規律する<u>校則を定める包括的権能を有する</u>ことを前提に、「教育を目的として定められたものである場合には、その内容が<u>著しく不合理でない限り</u>、右校則は違法とはならない」としています。しかしながら、中学校長のその権能は、「無制限なものではありえず、中学校における教育に関連し、かつ、その内容が<u>社会的通念に照らして合理的と認められる範囲</u>においてのみ是認されるものである」としています。結局、裁判所は、「中学生の丸刈りを校則で強制すること」は、「社会的通念に照らして合理的と認められる範囲内」であり、「著しく不合理なものである」という判断はしませんでした。

　このような「校則」をめぐる裁判は、他にもいくつかありますが、いずれの判決においても、学校長に「校則」を定める包括的権能があることを認め、ほとんどの「校則」について、「社会通念上不合理であるとはいえない」という判断を下しています。しかし、これはあくまで裁判所に訴えられた「校則」についてのみの裁判所（裁判官）の判断であり、全ての学校の「校則」の内容が「社会通念上不合理であるとはいえない」ということではありません。

8.「校則」は本当に「不合理であるといえない」のか？

　これまでの「校則」をめぐる裁判において、司法の判断として「<u>学校は教育目的を達成するために必要かつ合理的範囲内において校則を制定し、児童生徒の行動などに一定の制限を課すこと</u>」ができ、「<u>社会通念上合理的と認められる範囲で、校長は校則などにより児童生徒を規律する包括的な権能をもつ</u>」とされています。

　しかし、本当に「校則」として決められている「きまり」や「ルール」は、全て「合理的なもの」と言えるのでしょうか？

　学校という場所も、一つの社会であり、集団です。そこには集団として守らなければならない秩序やルールというものが必要なのは言うまでもありません。「校則」の中には、そのような意味において必要で、合理的に説明ができるものも少なくないと思います。

　しかし一方で「ブラック校則」と呼ばれるような「一般社会から見れば明らかに不合理で理不尽な校則」もいまだ存在するのではないでしょうか。そして、そのような「ブラック校則」を、教師から理不尽で不合理な指導によって強制的に守らされてきたという人も少なくないと思います。

　「ブラック校則」の問題だけでなく、そもそも「校則」の存在そのものに、いくつかの疑問点や不合理なところがあるように思われます。

　学校において「校則」は、まるで「法律」のように、児童生徒に対して「守るべき決まり」として指導されていますが、「校則」を法的に根拠づける法律はありません。児童生徒が「校則」を守らなければならない義務があるとしても、どのような根拠でそれを守らせる拘束力があるのか、その強制力（権力）の行使の手続きや限界については必ずしも明らかではありません。

　もし「校則」が「法律」と同じようなもの（法規的性格）をもつものであるならば、当然「法律」と同様にその改廃のルートや手続きが明文化されていなければならないと思いますが、おそらくほとんどの学校の「校則」には、そのようなものが決められていたり明文化されてはいないと思います。

　「法律」であるならば、国民がそれを必要だと思ったり、不都合だから変えてほしい廃止してほしいと思えば、国会での審議によって制定したり改廃したりすることができます。しかし、「校則」については、誰がどこでどのように決めたのかも不明ですし、それを守らされている児童生徒が、それについて不利益や不都合を感じたとしても、その「校則」の改廃を求めるルートも手続きもないのです。

　多くの教師たちは、なぜ校則を守らなければならないのかという理由について、「校則で決まっているから守らなければならないのだ」という説明をしています。しかし、多くの児童生徒たちにとっては納得できるものではなく、結局どんなに理不尽な「校則」であっても、それが「校則」として決められている以上、守らなければならないということを、そのような教師の説明から学んでしまっているように思われます。

9.「校則」は見直すことができるのか？

　1980 年代半ば、頻発する校内暴力を「体罰」と「校則」による管理主義で鎮圧した学校側に対して、生徒や保護者たちが疑問の声を上げました。「体罰」や「校則」をめぐる裁判が次々と起こされ、日弁連や人権擁護団体なども、「体罰」や「校則」による児童生徒への人権侵害を問題にしたことなどから、世論の流れも少しずつ変わっていきました。

　そうした流れの中、1988 年文部省の初等中等教育局長が、都道府県教育委員会中等教育担当課長会議において、「校則の運用のあり方についての見直しの指導」を求めました。その際の視点として、校則の内容について、「①絶対に守るべきもの、②努力目標というべきもの、③児童生徒の自主性に任せてよいもの」が混在していないかを点検すること、さらに「校則違反があった場合に、当該児童生徒の身分上の措置の問題等」について、「統一的な対応方針をあらかじめ全教職員の共通理解としてもって」いなければならないとしました。

　続いて 1990 年にも文部省は「生徒指導の取組にあたっての留意点」ということで「校則の内容及び運用の見直し」を強く求めるとともに、校則の見直し状況を把握するための全国調査を行い、翌年その結果を発表しました。その報告書では、「校則内容の見直しは、継続して取り組むことが大切」とし、「校則は、一度見直したからそれでよいというものではない。学校を取り巻く状況や生徒の状況も変化する。よい意味でも校則の内容はたえず積極的に見直されなければならない」としています。

　日本の学校教育を上から厳しく監督・管理しているとされる文部省が、こと「校則」の問題については、この当時、学校に対してその見直しをしなさいという「指導」をしているのです。これによって、実際にどれだけの学校で「校則」の見直しが行われ、児童生徒への「校則」の指導のあり方が変わっていったのかは不明ですが、これ以降、学校の中で大きな声で「とにかく校則で厳しく指導しなければならない」と語られることが減っていったことは確かだと思います。

10.「子どもの権利条約」と「校則」

　1989年、国連で「子どもの権利条約」が採択されました。日本が、この国際条約を批准したのは5年後の1994年ですが、この間に日本の学校現場から聞こえてきたのは、「こんな条約を批准されたら学校での児童生徒の指導がやりにくくなる」という声でした。

　国連の「子どもの権利条約」の基本理念は、子どもの人権を、大人の人権と同じように「思想良心の自由」「表現情報の自由」「意見表明」などの権利をきちんと保障しなければならないというものです。そして、「条約」を批准することは「憲法」と同じように、「国内法」や行政過程に対して法的拘束力をもつことになります。これに対して、日本の学校現場では、これを批准されては、これまでのように「校則」によって児童生徒の権利を制限することができなくなるのではないかという「懸念」と「不安」が広がったのでした。

　これに対して日本政府と文部省は、「子どもの権利条約を批准しても、国内法を変える必要はないし、校則についてもこれまでどおり運用し指導してもかまわない」という見解を示したのでした。これによって安堵した学校や教員は少なくないと思います。

　しかし、「子どもの権利条約」の第28条には、「締約国は、学校の規律・懲戒（school discipline）が児童の人間の尊厳に適合する方法で、及びこの条約に従って運用されることを確保するためのすべて適当な措置をとる」となっており、この条約を批准したということは、当然、これに従って「校則」の内容や運用を見直さなければならなかったのです。

　しかし、「子どもの権利条約」は、日本の学校の校門の前で立ち止まらざるを得なかったのです。

　「子どもの権利条約」を批准した国は、定期的に国連に報告書を提出し、「子どもの権利委員会」による審査を受けなければなりません。1998年6月の第1回の報告書審査に基づく最終見解において、日本は、「子ども一般が、社会のすべての部分、特に学校制度において、参加する権利（12条）を行使する際に経験する困難について懸念する」という指摘を受けました。さらに、2004年2月の第2回の最終見解では、「社会における子どもに対する伝統的態度が、家

庭、学校、その他の施設や社会全体において、子どもの意見の尊重を限定的なものとしていることを引き続き懸念する」との指摘を受けました。

　このような指摘は2010年の第3回、2018年の第4回・第5回の最終見解でも、繰り返し同様になされています。まさに日本の教師風に言うと「何回言ったら分かるんだ！」ということになります。

11.「校則」の見直しには児童生徒と保護者の参加と手続きの確立が不可欠

　「ブラックな校則」を守らされるのは児童生徒たちです。そして教師から理不尽で不合理な「ブラックな校則指導」を受けるのも児童生徒たちです。その一番の当事者である児童生徒たちの声や意見を聞かないで、どうやって「校則」を見直していくことができるのでしょうか？

　国連「子どもの権利委員会」からも、「子どもに影響する全ての事項、家庭、学校などにおいて、子どもの意見の尊重と子どもの参加を促進し、助長するとともに、子どもにこの権利を確実に認識させること」が繰り返し指摘されているのです。

　「校則」が、学校と児童生徒と保護者との間の「契約」であるというならば、少なくとも入学前に、その学校の「校則」の内容について児童生徒と保護者に「開示」する必要があると思います。さらに、入学時には、同様にその学校の「校則」の内容や運用や指導の基準について「説明」し、児童生徒と保護者の質問や意見を聞いた上で、「同意」と「承認」を求めるべきです。

　今回の文科省の『生徒指導提要』の改訂でも、校則の見直しにあたっては、「児童生徒や保護者等の学校関係者からの意見を聴取した上ですすめていくことが望ましい」とされています。また、見直しの過程には「児童生徒の参画すること」は重要な教育的意義があるとされています。

　しかし、「校則」が法律と同じような「決まり」であるというならば、その「決まり」は、それを守らなければならない者の間でつねに協議し、もし不合理な点、不都合な点があれば、それを見直し改廃できる「手続き」が確立されていなければなりません。「校則」の制定や改廃の権限が一方的に学校・教師側にあり、児童生徒・保護者の意見や要望は「聞き置くだけ」というのであれ

ば、それは本当の意味での「見直し」にはなりません。

　「子どもの権利条約」の理念と条文、「国連子どもの権利委員会」の見解に基づくならば、まずは児童生徒の「意見表明権」と「自己決定権」をきちんと保障する手続きの整備が不可欠です。本来ならば、「児童会」や「生徒会」が、そのような機能を果たすべきでしょうが、いまの日本の学校では、残念ながらそうはなっていません。また、保護者の意見や要望が表明される機関としてあるPTAという組織も、そのような機能を果たせるようにはなっていません。

　しかし、全国的にいくつかの先進的な学校で取り組まれた生徒・保護者・教員による「三者協議会」の実践などは、このような「校則」の改廃のためのルールや手続きを確立していくためには、参考となるのではないでしょうか。

　いずれにせよ、「校則」をはじめとする学校における様々な「決まり・ルール」は、あくまでも児童生徒たちが学校で学ぶことによって健やかに成長・発達していくことができる「学習権」と「参加権」を保障するためにあるものとして、児童生徒・保護者と学校・教師が一緒になって考えていく必要があると思います。

ブックガイド

坂本秀夫（1984）『生徒心得　生徒憲章への提言』エイデル研究所
坂本秀夫（1986）『校則の研究』三一書房
荻上チキ・内田良編（2018）『ブラック校則　理不尽な苦しみの現実』東洋館出版社
大津尚志（2021）『校則を考える　歴史・現状・国際比較』晃洋書房
河崎仁志・斎藤ひでみ・内田良（2021）『校則改革』東洋館出版社
川原茂雄（2020）『ブラック生徒指導』海象社

第13章
懲戒と生徒指導

　学校における「懲戒」は、「教育的懲戒」ともいわれ、校長や教員など、児童生徒を教育・指導する立場の者が、必要な場合に児童生徒に対して加える一定の「制裁・処罰」のことをいいます。「教育的懲戒」には退学・停学・訓告などの「法的処分としての懲戒」と、注意・叱責・命令などの「事実行為としての懲戒」があります。これには「教育的・指導的側面」と「懲戒的・強制的側面」があるとされており、時に後者の側面が強調されていくと「ブラックな生徒指導」になっていく可能性があります。

キーワード

懲戒、教育的懲戒、法的処分としての懲戒、事実行為としての懲戒、適正手続きの原則

1. 学校における「懲戒」（教育的懲戒）とは何か？

　学校における「懲戒（もしくは懲戒処分）」とは、生徒が非行・問題行動などを起こすなどして必要な場合に、注意・叱責したり「退学・停学・訓告」などの処分（処罰）を加えることといわれています。小学校中学校は義務教育ですので児童生徒を「退学・停学」にさせることはできませんし、高校においても実質的に強制的に生徒を「退学」させたり、「停学」にすることは、現在ほとんどありませんので、学校現場でも「懲戒（もしくは懲戒処分）」という言葉は、あまり使われることはありません。しかし、学校現場で実際に行われているリアルな生徒指導を考える上で、この「懲戒」の問題は非常に重要なことであると思います。

　一般的には、「懲戒」は、「不正・不当な行為に対して、戒めの制裁を加えること」であり、公務員や会社員に何らかの「非違行為（不正・不当な行為）」があった場合、懲戒処分（戒告、減給、停職、降格、諭旨解雇、懲戒解雇など）を加えることとされています。ここでいう「懲戒」とは、法令違反の場合に加えられる刑罰や法的処分とは異なり、その組織・集団内における「制裁・罰・懲らしめ」のようなものです。学校教育法第11条において以下のように定められています。

> 　「校長及び教員は、教育上必要があると認められるときは、監督庁（文科省）の定めるところにより、学生、生徒および児童に懲戒を加えることができる。ただし体罰は加えることはできない」（学校教育法第11条）

　ここで重要なポイントは、①学校においては児童・生徒・学生に対して「懲戒」を加えることができるということが法的に定められているということ、②その「懲戒」を加えることができるのは、「校長」と「教員」であるということ、③その「懲戒」は、「教育上必要があると認められるとき」だけであること、④「体罰」は加えることはできない」ことの4点です。
　さらに学校教育法施行規則第26条には以下のように定められています。

> 　「校長および教員が児童等に懲戒を加えるに当たっては、児童等の心身の発達に応ずる教育上の必要を配慮しなければならない。懲戒のうち、退学、停学および訓告の処分は校長がこれを行う」（学校教育法施行規則第26条）

　ここで学校教育法第11条に定められている校長と教員が児童生徒に加えることができる「懲戒」は、あくまでも「児童等の心身の発達に応ずる教育上の必要を配慮しなければならない」という条件が加えられています。このことは、第11条の「教育上の必要があると認められるとき」に加えて、一般の「懲戒」とは異なった「教育的懲戒」における教育的な原則であるといわれています。
　もうひとつ注目しなければならないのは、「懲戒」のうち「退学、停学、訓

告」の処分は「校長」が行うと定められていることです。第11条では、学校における「懲戒」は「校長」と「教員」が加えることができるとされていますが、「校長」が行うのは「退学、停学、訓告」だと定めているのです。

　ここで重要なのは、「懲戒のうち」という表現です。つまり「退学、停学、訓告」は「懲戒」全体の一部であって、この三つだけは「校長」が行わなければならないが、それ以外の「懲戒」は「教員」が行うことができる（ただし「体罰」はできない）というように読むことができるのです。

　ここから、学校における「懲戒」には、ふたつの「懲戒」があると言われています。ひとつは「法的処分としての懲戒」と言われるもので、校長のみが加えることができる「退学・停学・訓告」のことであり、もうひとつは「事実行為としての懲戒」と言われるもので、校長以外の教員も児童生徒に加える「注意・叱責・命令」のような「懲戒」であるとされています。

2.「事実行為としての懲戒」とは何か

　「懲戒」とは、基本的には「非違行為をなした者へのこらしめ、制裁、罰」というものであるところから、学校現場ではこれを、非行・問題行動を起こした生徒への「停学」や「退学」というような「法的処分としての懲戒」としてのみ認識している教師は多いのではないでしょうか。

　しかし、学校教育法第11条とその施行規則26条をよく読むと、学校における「懲戒」には、ふたつの「懲戒」――「法的処分としての懲戒（退学、停学、訓告）」と「事実行為としての懲戒（注意、叱責、命令）」があると解釈することできるのです。

　文科省が作成した『生徒指導提要』（2010年版）には、「学校における懲戒とは、児童生徒の教育上必要があると認められるときに、児童生徒を叱責したり、処罰することです。また、学校の秩序の維持のために行われる場合もあります。懲戒は、制裁としての性質をもちますか、学校における教育目的を達成するために行われるものであり、教育的配慮の下で行われるべきものです。」とされ、さらに「児童生徒を叱責したり、起立や居残りを命じたり、宿題や清掃を課すことや訓告を行うことなどについては、懲戒として一定の効果を期待

できますが、これらは児童生徒の教育を受ける地位や権利に変動をもたらすような法的な効果を伴わないので、事実行為としての懲戒と呼ばれています」と明記されています。

　しかしながら、学校教育法においても同施行規則においても、「法的処分についての懲戒」についての記述はありますが、「事実行為としての懲戒」については、具体的にどのような行為が対象となるのか、それに対応してどのような懲戒的行為がなされるべきなのかについては、一切記述がありません。

　文科省が出した公式文書、2013（平成25）年の「体罰の禁止及び児童生徒理解に基づく指導の徹底について（通知）」の中で、「児童生徒に肉体的苦痛を与えるものでない限り、通常、懲戒権の範囲内と判断されると考えられる行為として、注意、叱責、居残り、別室指導、起立、宿題、清掃、学校当番の割当て、文書指導などがある」とされています。

　これらの教師の行為が「事実行為としての懲戒」であるとして、それが児童生徒のどのような行為に対して行われるべきなのかについては文科省の出した公式文書では確認できませんでした。文科省が示した「事実行為としての懲戒」の行為から、逆にその対象となる児童生徒の行為（非違行為）を類推してみると以下のような行為が考えられます。

①授業中の私語、居眠り、立ち歩きなど
②理由のない遅刻、早退（中抜け）、欠席
③教師の指示・指導に従わない
④教師への反発、反抗的態度
⑤学校のきまり、ルール、校則を守らない
⑥課題・宿題をやってこない
⑦割り当てられた仕事（清掃など）をやらない

3. 「事実行為としての懲戒」は「生徒指導」なのか？

　①～⑦までのような児童生徒の行為に対する教師の「事実行為としての懲

戒」（注意、叱責、居残り、別室指導、起立、宿題、清掃、学校当番の割当て、文書指導など）は、おそらくすべての学校のすべての教師が、日常的に児童生徒に対して行っていることではないでしょうか。

　そして、このような行為は、ほとんどの教師にとっても、児童生徒にとっても、「事実行為としての懲戒」としてではなく、日常的な「生徒指導」として認識されているのではないでしょうか。

　大学生たちが「生徒指導」として認識していた「きまり・ルール・校則を守らない生徒への指導」「非行問題行動を起こした生徒への指導」「きびしい、うるさい、怖い、こまかい」というような教師の指導は、「生徒指導」というよりは、むしろ学校における「懲戒」、とりわけ「事実行為としての懲戒」といわれるものなのではないでしょうか。

　そして、教師たちが「生徒指導が大変な学校（学級）」というのは、ほとんどの場合が、さきほど示した①〜⑦のような児童生徒の行為が目立つ（多い）学校（学級）なのではないでしょうか。そして、教師たちが「生徒指導の力がある教師」というのは、多くの場合、さきほど示した①〜⑦のような児童生徒の行為をさせない、あるいはそのような行為に対してきちんと指導することができるような教師であるように思われます。

　すなわち、学校における「懲戒」、とりわけ「事実行為としての懲戒」は、児童生徒たちにとっても、教師たちにとっても、それは「生徒指導」として認識されているものであり、これこそが「リアルな生徒指導（リアル生徒指導）」と言えるものであるように思います。

4.「教育的懲戒」の「懲戒的側面」と「教育的側面」

　学校における「懲戒」は「教育的懲戒」とも呼ばれ、一般の「懲戒」のようにたんに「不正・不当な行為に対して、戒めの制裁を加えること」だけでなく、学校教育法と施行規則に定められているように「教育上必要があると認めるときに行うもの」ということ、「児童等の心身の発達に応ずる教育上の必要を配慮しなければならない」という教育的な原則があるとされています。

　したがって学校における「懲戒」＝「教育的懲戒」には、「懲戒」としての

側面と「教育」としての側面があるとされています。

> 　「懲戒を形式の上から見れば必ず生活指導的要素と強制的要素があり〜こ
> こでいう生活指導とは、生徒の全体的な人間形成のための指導助言であっ
> て、生徒の同意を必要とするようなものである」「懲戒は形式の上から見て
> も助言指導につきるものではなく、必ず強制がともなう」（『生徒懲戒の研
> 究』坂本秀夫、1982年）

　つまり、学校における「懲戒＝教育的懲戒」には、「懲戒」としての「懲ら
しめ・制裁・罰」（不利益処分）という児童生徒の権利を一定制限するような
「懲戒的・強制的側面」と、「教育」として児童生徒に対して「説明・説諭・説
得」をしていくという「教育的・指導的側面」があるのです。
　「法的処分としての懲戒」における「退学、停学、訓告」は、基本的に学校
長が生徒に強制的に加えるものであり、「退学」は生徒の学習の権利を剥奪す
るものであり、「停学」は生徒の学習の権利を一定期間停止するものです。
　「事実行為としての懲戒」においても生徒に、注意、叱責、居残り、別室指
導、起立、宿題、清掃、学校当番の割当て、文書指導などで児童生徒の行動に
強制的に一定の制限をかけることがあるという意味で、児童生徒の学習の権利
を一定制限する「強制的側面」をもっているといえます。
　一方で、学校における「懲戒＝教育的懲戒」は、児童生徒の「教育上の必
要」、特に「児童等の心身の発達に応ずる教育上の必要」に応じて行われるも
のであり、その目的は、あくまでも児童生徒の人間的な成長・発達を目指すも
のでなければならず、そのための「教育的・指導的側面」ももっているものと
いえます。
　「懲戒」の対象となったものは、基本的にそれを拒否することはできない強
制力をもつものですが、教育的な「指導」は基本的に強制力のともなわない指
導助言活動であり、児童生徒の自己決定権・主体性の尊重が前提となって、対
象となった者の同意・合意・納得・承認がないと成立しないものとされていま
す。

5.　どこまでが「指導」で、どこからが「懲戒」なのか？

　このように学校における「懲戒＝教育的懲戒」には、「懲戒的・強制的側面」と「教育的・指導的側面」があるとされていますが、その両側面の関連と区別については、かならずしも明瞭なものとはなっていません。

　とくに、「事実行為としての懲戒」（教師による注意・命令・叱責など）は、かならずしも全てが児童生徒に対する強制的な権利停止とはならない部分もあり、言葉の意味どおりの「懲戒」（非違行為への懲らしめ、制裁、罰）とは言えないところもあります。

　「事実行為としての懲戒」においては、児童生徒のどのような行為が対象となるのか、どこまでが「非強制的な作用としての指導」にあたるのか、どこからが「強制的な懲戒（制裁・罰・懲らしめ）」となるのかは明瞭ではありません。もう少し具体的に言うと、教師の「注意」「叱責」「立たせる」「廊下に出させる」「授業を受けさせない」は児童生徒への「教育的指導」なのか、それは児童生徒の「権利停止」になるのか、その判断の基準や範囲（ライン）についてははっきりしていないということです。

　いちばん大きな問題は、学校現場で、ほとんどの教師はこの「事実行為としての懲戒」（注意・命令、叱責）を、「懲戒」ではなく「指導」だと思っていることです。

　教師が「事実行為としての懲戒」を「懲戒」として行うのであれば、生徒はそれを拒否することはできません（強制力をもつ懲戒権の行使だから）。しかし、教師がそれを、たんに教育的な「指導」として行ったのであれば、生徒はそれに同意・合意・納得・承認しなければ（強制力をもたないから）拒否することができるということになります。

　しかし、実際には、ほとんどの教師は「事実行為としての懲戒（注意、叱責、命令等）」を、「懲戒」として認識（自覚）することなく、「生徒指導」もしくは「教育的指導」として行っていると思います。にもかかわらず、ほとんどの教師は、このような「生徒指導」もしくは「教育的指導」に対して、児童生徒は必ずこれに従わなければならない強制的なもの（実質的な「懲戒」）として行っているのではないでしょうか。

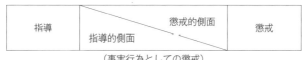

（事実行為としての懲戒）

6. 「懲戒」と「手続きの公正性、公平性（適正手続きの原則）」

　教師が「事実行為としての懲戒（注意、叱責、命令等）」を、「懲戒」として自覚することなく、「生徒指導」もしくは「教育的指導」として行ったとしても、実質的にそれを「強制的なもの」として行った場合には、それは「懲戒権の行使」としての「懲戒」にあたることになります。

　その場合、当然ですが学校における「懲戒」は、学校教育法第11条に定められている「教育上の必要があると認められるとき」にしか行えないこと、さらに同施行規則第26条の「児童等の心身の発達に応ずる教育上の必要を配慮しなければならない」という原則を守らなければなりません。しかし、現実に学校現場で「事実行為としての懲戒（注意、叱責、命令等）」を行っている教師たちの中で、どれだけの者がこのような原則について認識（自覚）しているのでしょうか。

　学校における「懲戒」＝「教育的懲戒」は、「法的処分としての懲戒（退学、停学、訓告）」であっても、「事実行為としての懲戒（注意、叱責、命令等）」であっても、「懲戒（制裁・罰、懲らしめ）」としての性格をもっているため児童生徒の権利を一定制限することになるものです。このような権利の制限を強要するような「懲戒権の行使」については、以下のような「手続きの公正性・公平性（適正手続きの原則）」が担保されていなければならないと言われています。

①予め禁止事項を告知（周知）しておくこと（それが合理的で正当なものであることを）
②違反事実を本人に確認し、理由を尋ねる（説明させる）こと
③個人の事情を聴いて、処分（処罰）の理由を明らかにすること
④処分（処罰）と懲戒との程度と均衡がとれていること（公平・平等である

　こと）

　「法的処分としての懲戒（退学、停学、訓告）」については、校長のみがこれを行うということなっており、その判断や決定については基本的に職員会議で検討・審議・決定されるため、このような「手続きの公正性・公平性（適正手続きの原則）」はある程度担保されると思われます。

　しかしながら「事実行為としての懲戒（注意、叱責、命令等）」については、ほとんどの場合、教師はそれを「懲戒」として自覚することはなく、従って、たとえ児童生徒の権利を一定制限するようなことがあったとしても、その「手続きの公正性・公平性（適正手続きの原則）」についてもほとんど配慮・考慮されることなく、どのような行為が児童生徒の「非違行為」となるのか、どの程度の「懲戒（制裁・罰・懲らしめ）」を加えることができるのかという基準も、結局は、それぞれの教師の個人的・恣意的な判断にまかされてしまっているのではないでしょうか。

7.「事実行為としての懲戒」という「ブラックな生徒指導」

　このような「事実行為としての懲戒」における「懲戒（制裁・罰・凝らしめ）」の基準は、必ずしも明確に定められているわけでなく、学校によっても「厳しい学校」と「厳しくない学校」との差異があったり、また教師によっても「厳しい先生・怖い先生」と「甘い先生・やさしい先生」という差異があったり、同じ先生でも「機嫌が悪いとき」と「機嫌の良いとき」では判断の基準に差があったりすることに生徒たちも気付いています。このような「リアル生徒指導」の世界の中で、彼らは彼らなりにそのような「指導」＝「懲戒」を受けないように「けもの道」を見つけながら学校生活を送っているのです。

　教師たちにとっても、このような「生徒指導」＝「事実行為としての懲戒」の領域は、非常にブラックでリスクの高いところです。「懲戒（制裁・罰・懲らしめ）」のレベルを厳しくすれば、生徒たちからは「厳しい先生、怖い先生」と怖れられ嫌われ避けられる可能性があります。逆にレベルを甘くすれば、生徒たちからは「甘い先生、やさしい先生」ということで「ナメられ」てしま

い、生徒たちが言うことをきかなくなる可能性が出てきます。

　児童生徒が教師の「指導」に素直に従っているうちは問題ないのですが、授業中におしゃべりをする、立ち歩くなど教師の「指導」に従わなくなってきた場合、教師の側もたんなる「注意」から「大声をあげる、怒鳴る、叱責する」というような、児童生徒に対して精神的な威圧・圧迫を加えるという「懲戒」のレベルに入っていかざるを得なくなります。このような「指導（懲戒）」は、時に児童生徒の人格を傷つけたり、否定したり、侮辱したりする可能性があります。さらに、懲戒のレベルが上がると、言葉だけでなく「有形力の行使」をともなう場合も出てきます。そして、そのような「懲戒」の先に「体罰」が発生する可能性があることは言うまでもありません。

　「懲戒」のレベルに入るということは、児童生徒の権利を一定制限することになり、それは常に児童生徒の権利を侵害する可能性を含んでいるということです。だからこそ、「懲戒権の行使」については「手続きの公正性・公平性（適正手続きの原則）」が求められるのですが、学校で現実に行われている「事実行為としての懲戒」にはほとんど適用されておらず、結局は、それぞれの教師の個人的・恣意的な判断にまかされてしまうという、まさに「ブラックな生徒指導」となっているのではないでしょうか。

ブックガイド

坂本秀夫（1982）『生徒懲戒の研究』学陽書房
牧正名・今橋盛勝他編（1992）『懲戒・体罰の法制と実態』学陽書房
城丸章夫（1987）『管理主義教育』新日本出版社
川原茂雄（2020）『ブラック生徒指導』海象社

第14章
体罰と生徒指導

　教師による児童生徒への「体罰」は、学校教育法第11条によって明確に禁じられています。にもかかわらず長い間、学校現場では教師による「体罰」が横行していました。2013年に文科省は「体罰禁止」の通知を出して、教師の「体罰」に対しての厳しい姿勢を示しました。これによって学校現場での「体罰」は減少していきましたが、いまだに根絶されていません。いったいなぜ教師は、法律で禁じられているにもかかわらず「体罰」をしてしまうのでしょうか。また、具体的にどのような行為が「体罰」とされるのでしょうか。

キーワード

体罰、学校教育法第11条、有形力の行使、体罰は懲戒なのか指導なのか

1.「体罰」は"ブラック"な生徒指導？

　2012年12月に「大阪市立桜宮高校体罰死事件」が起き、「体罰」が社会的に大きな問題となりました。この事件は同校バスケット部キャプテンの男子生徒が部顧問の男性教諭から日常的に暴力をふるわれたことを苦に自殺したというもので、当時メディアにもかなり大きく取り上げられましたが、これは1980年代に「校内暴力」が頻発し「管理主義」が広がった中で、「校則」による取り締まりと「体罰」の横行が話題になった時以来のことだと思います。

　文科省もこの事態を重く見て、翌年「体罰」にかんする大規模な調査を行うとともに、学校に対して「体罰の禁止及び児童生徒理解に基づく指導の徹底について」（2013年3月13日文科省通知）を出して、教師の「体罰」に対しての厳

しい姿勢を示しました。これによって2013年と2014年の教師の「体罰」による「懲戒処分」の件数は過去最高レベルに達しました。これはこの2年間に「体罰」が大量に発生したわけではなく、それまでも学校現場で発生していたはずの「体罰」が、文科省の指令によって教育委員会や学校がきちんと調査をして「体罰」件数を報告したからだと思います。

　学校における「体罰」の発生件数は、学校における「いじめ」の発生件数と同じように、実際に発覚し報告されるのは一部であって、しっかりと調査をすれば多くなり、しっかりと調査をしなければ少なくなるのです。そもそも、学校における「体罰」は、ほとんどが教室や体育館などの、いわば「密室状態」の場所で、第三者の目があまり届かないところで発生することが多く、加害教師がそれを自己申告することや、被害者である児童生徒そして周りにいた児童生徒がそれを第三者に通報することはあまりありません。そういった意味で、学校における「体罰」は、非常に「ブラック」な生徒指導であると言うことができると思います。

2.「体罰」は法律で禁止されている

　学校における「体罰」は、法律によって明確に禁止されている「違法行為」です。そういった意味でも「体罰」は「ブラック」なものです。学校における教師による児童生徒への「体罰」は、学校教育法第11条によって禁止されています。さらに刑法の暴力罪もしくは傷害罪として罰せられます。

> 校長及び教員は、教育上必要があると認められるときは、監督庁（文部科学大臣）の定めるところにより、学生、生徒及び児童に懲戒を加えることができる。ただし、体罰を加えることはできない。（学校教育法第11条）

　この学校教育法の条文は、学校において校長と教員が「懲戒」を加えることが「できる」ことについて定めた条文であり、「体罰」については「できない」ことが追記されているものです。

　このような法律上の「体罰」の禁止規定は、1879（明治12）年の「教育令」

第46条の「<u>凡学校ニ於テハ生徒ニ体罰（殴チ或ハ縛スルノ類）ヲ加フ可カラス</u>」に始まるもので、日本では、およそ130年間、一貫して「体罰」は法的に禁じられているのです。

　学制が始まったのが1872（明治5）年ですので、日本で学校というものが始まって以来、学校内での「体罰」が横行していて、それを国家の側はかなり早い段階から法的に禁止しなければならないことを認識していたのでしょう。

　しかし、このように明治時代から「体罰」は法律で明確に禁止されているにも関わらず、わが国では教師による「体罰」は行われて続けてきたのではないでしょうか。特に、戦前の軍国主義下における学校では、教師による「体罰」は日常化していたといわれます。戦後の日本国憲法、教育基本法下の学校においては、何度も「体罰」に関する通知・通達が出されましたが、いまだに「体罰」によって懲戒処分を受ける教員は跡を絶ちません。

　教師による体罰事件が、時にマスコミよって大きく報道され、社会的にも問題視されますが、そのことで一時的には「体罰」が学校現場から減ることはあっても、「体罰」が完全になくなることはありません。なぜ学校から「体罰」はなくならないのでしょうか？

3. どのような行為が「体罰」になるのか？

　前述したように学校教育法第11条は、校長及び教員は児童生徒に「懲戒」を加えることが「できる」という、学校における「懲戒」について定めた条文であり、「体罰」については加えることは「できない」ということが追記されています。このことから、「体罰」は学校における「懲戒」のカテゴリーの中に含まれると言えます。ただし、それは児童生徒に加えることが「できない懲戒」ということなのです。つまり教師による「体罰」は、学校における「懲戒」の延長上に起きる可能性があるということなのです。

　学校で教師が「体罰」を行うと、よく、「指導に熱心なあまり（体罰を）やってしまった」とか、生徒に対する「指導がゆきすぎた」結果（体罰が）起きてしまったと言われます。つまり、生徒に対して何らかの教育上必要な「指導」をしていたのだが、その「指導」が「体罰」になる程までに「ゆきすぎ

た」ということになるのでしょう。

　もうすこし正確に表現すると、教師が生徒に対して教育上必要な「指導」を
していたが、児童生徒がその「指導」に従わない、あるいは「やってはいけな
い行為（非違行為）」を行ったので「懲戒＝事実行為としての懲戒」を加え
た。それでも、児童生徒が教師の「いうことをきかない」あるいは「非違行為
をやめない」ので、（やってはいけない）懲戒としての「体罰」を加えてしまっ
た、ということになるのではないでしょうか。つまり、教師の「指導」の延長
上に「事実行為としての懲戒」があり、さらにその「事実行為としての懲戒」
の延長上に「体罰」が起きてしまうのだと言えます。

　ここで大きな問題は、どこまでが教師の「指導」であり、どこからが教育上
必要な「事実行為としての懲戒」になり、そして、どこからが法律で禁止され
ている「体罰」となるのかということです。

　これについては、法令上、明確な規定はどこにもありませんが、1948（昭和
23）年に法務庁の長官が出した「児童懲戒権の限界について」という見解が、
「体罰」の現行解釈の基準となっていると言われています。

（1）　学校教育法第11条にいう「体罰」とは、懲戒の内容が身体的性質のも
のである場合を意味する。
①身体に対する侵害を内容とする懲戒──殴る・蹴るの類
②被罰者に肉体的苦痛を与えるような懲戒──端座、直立等特定の姿勢を
長時間保持させるような懲戒
（2）　しかし、「体罰」に該当するかどうかは、機械的に判定することはでき
ない。当該児童の年齢、健康、場所的および時間的環境等、種種の条件を
考え合わせて肉体的苦痛の有無を判定しなければならない。

　この法務庁長官の「見解」によって、法律で禁じられている教師の「体罰」
とは、児童生徒に対する「懲戒」のうち「身体に対する侵害」であり、「肉体
的苦痛を与える」ものというラインが明確に出されました。しかし、「体罰」
であるかどうかの判定は、機械的にではなく、様々な条件を考え合わせなけれ
ばならないとしているところから、学校現場からの問い合わせが相次いだそう

です。翌年、法務府（法務庁から改称）は「生徒に対する体罰禁止に関する教師の心得」を発表し、より具体的なラインを示しました。

①トイレに行かせなかったり、食事時間を過ぎても教室に留め置くことは肉体的苦痛を伴うので体罰となる。
②遅刻した生徒を教室に入れず、授業を受けさせないことは義務教育では許されない。
③授業中怠けたり騒いだからといって生徒を教室外に出すことはダメ。教室内に立たせることは懲戒として認められる。
④人の物を盗んだり、こわした場合、こらしめる意味で放課後残しても差し支えない。
⑤盗みの場合など、生徒や証人を放課後訊問することはよいが、自白や供述を強制してはならない。
⑥遅刻や盗みによって掃除当番などの回数を多くするのは差し支えない。
⑦遅刻防止のための合同登校はかまわないが、軍事教練的色彩を帯びないように注意すること。

　ここでは、教師の「体罰」は直接的に生徒の身体を侵害し肉体的苦痛を与えるものだけでなく、具体的な「命令」によって強制的な行動を課すことによって間接的に肉体的な苦痛を与えるものも含まれることが示されています。このような法務省の「体罰」についての見解は、学校で教師が行う「事実行為としての懲戒」と法律で禁じられる「体罰」との境界線を一定示すものではありました。

4. 教師の「非違行為」としての「体罰」

　このように学校教育法第11条に「体罰を加えることができない」と定められていることによって、教師が「体罰」を行った場合には、教師の「非違行為」あるいは「犯罪」として、各種の法的な責任を問われることになります。
　その第一は「行政責任」であり、公務員法上の職務義務違反として処分され

ます。法令等の遵守義務違反（地方公務員法31条）、信用失墜行為の禁止（同法32条）などにより「懲戒処分」（免職、停職、減給、戒告）を受けることになります。

　その第二は「刑事責任」であり、暴行罪や傷害罪として刑法208条、204条に基づく刑事上の責任を問われることがあります。

　第三は、「民事責任」であり、不法行為として体罰による傷害の治療費や後遺症について、民法709条に基づく損害賠償請求や、精神的な損害としての慰謝料を請求される場合があります。

　過去に学校において発生した「体罰」によって「懲戒処分」されたケースを見てみると、「体罰」が行われているのは中学校が最も多いようです。小学校では、授業中や休み時間に教室内で行われることが多いのですが、中学・高校では、部活動中に体育館や運動場で行われることが多いようです。さらに、「体罰」は第三者が介入しにくい場所で行われることが多いと言われています。

　具体的な「体罰」の内容としては、ある調査では、①素手で殴る61％、②蹴る9.1％、③殴る蹴る6.1％、④棒などで殴る5.3％、⑤投げる2.7％となっています。さらに、「体罰」を受けた児童生徒の15％には、打撲や外傷、骨折、捻挫、鼓膜破裂——などが生じています。

　これは、あくまで「体罰」として発覚し「懲戒処分」された事例のデータであり、圧倒的な数の「見えない体罰」が存在していると思います。2012年に起きた大阪市立若宮高校体罰自殺事件によって、その年と翌年は文科省の体罰実態調査が厳しくなり体罰による教員の懲戒処分者数は激増しましたが、その後は急激に減りつつあります。毎年、大学の授業でも学生たちに「体罰」についてのアンケートを実施していますが、ここ数年は小・中・高時代に「体罰」を受けた経験があると答える学生の数は、かなり少なくなっています。それでも、毎年、一定の数の学校における「体罰」で懲戒処分される教員が存在します。学校から「体罰」が全くなくなることはないのでしょうか。

5. 大阪市立桜宮高校体罰自殺事件の「衝撃」

　「体罰」は学校教育法第11条で明確に禁止されているにもかかわらず、戦後

70年以上、日本の学校現場から「体罰」はなくなることはなく、毎月のようにメディアでは「体罰事件」が報道され、毎年何百人という教師が「体罰」によって懲戒処分を受けています。「体罰」は法律で禁じられているのに、日本の学校現場ではそれが「許されている」かのように続けられてきたのです。

　そんな日本の学校教育に大きな衝撃を与えたのが「大阪市立桜宮高校体罰自殺事件」です。この事件は、そのこと自体の衝撃だけでなく、その後の文科省や教育委員会・学校現場での「体罰」への対応や考え方を大きく変化させていく契機になったという意味でも注目されます。

　2012年12月23日、大阪市立桜宮高校バスケットボール部キャプテンの男子生徒が、自宅で自殺、生徒が残していたメモや周囲の証言から、バスケットボール部顧問の男性教諭（当時47歳）が「指導」と称して日常的に暴力を加えていたことが明らかになりました。男子生徒はキャプテンに就任してから、顧問教諭から「試合でミスをした」などとして数十発平手打ちされるなど集中的に暴力を受けるようになり、またキャプテンを辞めるように迫られていたといいます。

　大阪市教委の聴取に対し、顧問教諭は生徒を殴ったことを認め、「強いチームにするためには『体罰』は必要」などと話したそうです。大阪市教委は翌年1月8日に事実関係を公表し、顧問教諭は懲戒免職になりました。「体罰」を直接の原因とした懲戒免職処分は、異例のものです。

　この顧問教諭は、傷害と暴行の罪に問われ、2013年10月11日、大阪地裁は懲役1年執行猶予3年の判決を下しました。この大阪地裁判決では、「体罰」が被害者の自殺の一因になったことを指摘し、その程度によっては刑事責任を問われることを明確に判断しました。

6. いかなる場合も「体罰」を行ってはならない

　文科省もこの事件の「衝撃」を重く受け止め、2013年1月23日、全国的な規模での「体罰」の実態調査を行うことを決定し、各都道府県教育委員会等に対して依頼しました。同年4月26日に第一次報告が出され、全国の公立学校での840件の体罰発生が確認されました。これは例年の体罰発生件数の倍以上に

なります。国立学校と私立学校も調査対象に加えられた同年8月6日の第2次報告では、2012年度中の体罰件数はそれまで最高の6,721件にのぼったそうです。

　この2回の報告を受け、文部科学省は各自治体・教育委員会に対して「体罰根絶に向けたガイドライン」の作成を指示し、そのために2回の「通知」を出しています。

　最初の「体罰の禁止及び児童生徒の理解に基づく指導の徹底について」（2013年3月13日通知）で文科省は、冒頭ではっきりと「体罰の禁止」を明言し、「なぜ体罰はやってはいけないか、についての理由を以下に列記しています。

　体罰は、学校教育法第11条において禁止されており、校長及び教員は、児童生徒への指導に当たり、いかなる場合も体罰を行ってはならない。体罰は、違法行為であるのみならず、児童生徒の心身に深刻な悪影響を与え、教員等及び学校への信頼を失墜させる行為である。

　体罰により正常な倫理観を養うことはできず、むしろ児童生徒に力による解決への志向を助長させ、いじめや暴力などの連鎖を生むおそれがある。

　文科省が通知した行政文書として、明確に体罰が禁止される（行ってはならない）理由が示されたことは画期的だったと思います。さらに注目すべきは、2007年の文科省通知で示されていた、「児童生徒に対する有形力（目に見える物理的な力）の行使により行われた懲戒は、その一切が体罰として許されないというものではなく」という文章と、「水戸五中東京高裁判決文」の例示が全くなくなっていることです。このことは、少なくともこの時点で文科省は「有形力の行使による懲戒」を「許される」という立場を、公には取らないことを意味したのではないでしょうか。

　さらに2度目の通知である「体罰根絶に向けた取組の徹底について」（2013年8月9日通知）では、学校現場の体罰根絶にむけて、より厳重に取り組むべきことが書かれています。

　「体罰未然の防止」では、①決して体罰を行わないように、校内研修等を通

じて体罰禁止の趣旨を徹底すること、②指導困難な児童生徒がいても、体罰によらず、粘り強い指導や懲戒で対応すること、③部活動における指導では、指導者による体罰の根絶と適切かつ効果的な指導に向けた取組を実施すること、の3点を求めています。

「徹底した実態把握及び早期対応」では、①教育委員会及び学校は、継続的に体罰の実態把握に努めること、②学校の管理者は、教員が体罰を行った場合、教員が直ちに報告や相談ができる環境を整えること、教育委員会は迅速に対応することを求めること、③体罰を行ったと判断された教員には厳正に処分を行うこととしました。

「再発防止」では、教育委員会及び学校に対して、実態把握の結果を踏まえた再発防止策を適切に講じることを求め、体罰を起こした教員に対しては研修等を行うことで再発防止を徹底することを求めています。

この二つの通知の意味するところは、今後文科省は、体罰を行った教員に対する懲戒処分の厳罰化に向かうことを教育委員会と学校現場に徹底させたことだと思います。実際に2013年に「体罰」を行ったことによって懲戒処分を受けた教員の数は激増しました。その後、年を追うごとに「体罰」の発生件数と懲戒処分を受けた教員の数は漸減しています。これが、体罰を行った教育に対する懲戒処分の厳罰化の「成果」であるのかどうかは分かりません。

しかし、文科省と教育委員・管理職の「目」が厳しくなったから、学校における教員の「体罰」が減ってきたというのであれば、けっして学校から「体罰」がなくなる（根絶する）ということはないでしょう。おそらく文科省と教育委員会・管理職の「目」の届かないところで「体罰」は温存され続けていくでしょうし、そして今後文科省と教育委員会・管理職の「目」が厳しくなくなってきたら、また再び「体罰」は増殖していくのではないかと懸念されます。

7.「体罰」は「指導」なのか？　「懲戒」なのか？

学校教育法第11条では、学校の校長と教員は、児童生徒に「懲戒」を加えることができるが、ただし「体罰」を加えることはできないと定められています。このことから「体罰」は、「懲戒」のカテゴリーの中に入るものののように

読み取れます。

　学校における「懲戒」には校長のみが行える「停学・退学・訓告」という「法的処分としての懲戒」と、教員が行える「注意・叱責・命令」という「事実行為としての懲戒」があります。「体罰」は、このうちの「事実行為としての懲戒」の中に含まれると思われますが、しかしそれは「許されない懲戒」なのです。

　法務庁長官の見解では、「体罰」は「懲戒の内容が身体的性質のもの」、すなわち身体に対する侵害や肉体的苦痛を与えるような懲戒であるとしています。したがって、「体罰」とは学校における「懲戒」のうち、教員が行う「事実行為としての懲戒」の中の、「身体に対する侵害や肉体的苦痛を与えるようなもの」ということになります。

　なぜ教師が「体罰」を行ってしまうのか、なぜ学校から「体罰」がなくならないのか、その根本的な原因のひとつが、「体罰」が、学校における「懲戒」とりわけ「事実行為としての懲戒」という「指導」と「懲戒」のグレーゾーンの中にあるからではないでしょうか。

　「体罰」は「指導」なのでしょうか？　それとも「懲戒」なのでしょうか？

　「体罰」が「指導」であるとしたならば、それはその児童生徒の成長発達を促すためのものであり、基本的に「言葉」による指導助言でなければなりません。また「指導」は、児童生徒の自己決定権・主体性の尊重が前提となっていて、対象となった者の同意・合意・納得・承認がないと成立しないとされています。このようなことから、「体罰」は、それを行う者が児童生徒に対して「指導」しようという意志をもっていたとしても、基本的な条件において「指導」ということにはなり得ません。

　「体罰」が「懲戒」であるとしたなら、それはその児童生徒が行った非違行為への懲らしめ・罰・制裁であり、対象となった者への強制的な権利停止を含むものとなります。これも基本的には「言葉」によるものであり、身体に対する侵害や肉体的な苦痛を与えるようなものであってはならないとされています。また、「懲戒」を加える場合においては、それを受ける者に対して「適正手続きの原則」が保障されていなければなりません。このようなことから、「体罰」は、それを行う者が児童生徒に対して「懲戒」を加えようという意志

をもっていたとしても、基本的条件において「懲戒」であるとは言えません。

　つまり「体罰」は、その基本的な条件において「指導」でも「懲戒」でもあり得ないのです。

　あえて言えば、それは学校内における教師の児童生徒に対する「暴力行為」だと思います。

　このような教員の児童生徒への「暴力行為」という、きわめて“ブラック”な違法行為に「体罰」という名をつけることによって、学校における「懲戒」とりわけ「事実行為としての懲戒」という「指導」と「懲戒」のグレーゾーンの中で行われてしまうことが、「体罰」がなくならない最大の問題であるように思います。

ブックガイド

牧正名・今橋盛勝（1982）『教師の懲戒と体罰』エイデル研究所

坂本秀夫（1995）『体罰の研究』三一書房

今津孝次郎（2014）『学校と暴力　いじめ・体罰問題の本質』平凡社

鳥沢優子（2014）『桜宮高校バスケット部体罰事件の真実』朝日新聞出版

鈴木里子・前田聡・渡部芳樹（2015）『近代公教育の陥穽　「体罰」を読み直す』流通経済大学出版会

松田太希（2019）『体罰・暴力・いじめ』青弓社

川原茂雄（2020）『ブラック生徒指導』海象社

第15章
ブラック生徒指導
──不適切な指導と指導死

　2022年の『生徒指導提要』の改訂において、文部科学省は初めて「不適切な指導」という言葉を本文中に記載しました。これは、「教師がいたずらに注意や過度な叱責を繰り返すことは、児童生徒のストレスや不安感の高まり、自信や意欲の喪失など児童生徒を精神的に追い詰めることにつながる」として、教師による不適切な言動や指導は許されないとしたものです。時に児童生徒を自死にまで追い詰めてしまうことになる「不適切な指導」は、究極の「ブラックな生徒指導」ではないでしょうか。

キーワード

不適切な指導、指導死、事実行為としての懲戒、適正手続きの原則

1.「不適切な指導」という名のブラック生徒指導

　教師による「不適切な指導」について、文部科学省の『生徒指導提要（改訂版）』では、「体罰のように明確に身体的な侵害や肉体的な苦痛を与える行為でなくても、教師がいたずらに注意や過度な叱責を繰り返すことは、児童生徒のストレスや不安感の高まり、自信や意欲の喪失など児童生徒を精神的に追い詰めることにつながる」として、体罰だけでなく不適切な言動や指導は許されないことに留意する必要があるとしています。さらに「不適切な指導と捉えられる例」として、以下の内容が例示されています。

> ・大声で怒鳴る、物をたたたく・投げるなどの威圧的、感情的な言動で指導する。
> ・児童生徒の言い分を聞かず、事実確認が不十分なまま思い込みで指導する。
> ・組織的な対応を全く考慮せず、独断で指導する。
> ・ことさらに児童生徒の面前で叱責するなど、児童生徒の尊厳やプライバシーを損なうような指導を行う。
> ・児童生徒が著しく不安感や圧迫感を感じる場所で指導する。
> ・他の児童生徒に連帯責任を負わせることで、本人に必要以上の負担感や罪悪感を与える指導を行う。
> ・指導後に教室に一人にする、一人で帰らせる、保護者に連絡しないなど、適切なフォローを行わない。

　これらの「不適切な指導」の多くは、学校での教師の「生徒指導」や「部活動」の指導の場面で行われています。このような「不適切な指導」によって、精神的に追い詰められたり、深く傷ついた経験のある児童生徒は少なくないのではないでしょうか。大学生たちが書いてくるレポートの中にも、このような「不適切な指導」を教師から受けた経験が数多く書かれていました。

2.「安全な生徒指導を考える会」からの要望

　今回の『生徒指導提要』の改訂で、このような「不適切な指導」について記載されることになったきっかけのひとつが、教師の「不適切な指導」によって児童生徒が自死に追い込まれた、いわゆる「指導死」の遺族たちでつくられた「安全な生徒指導を考える会」からの強い要望があったと言われています。

　この会が2022年の５月に文科大臣らに提出した「生徒指導提要の改訂試案に関する意見書」には、不適切な指導についての記載が不十分なため、過去事例を踏まえた記載にすること、不適切な指導の項目を設け目次にも追加することなどが要望されています。さらに、過去の不適切な指導をきっかけに児童生徒が自殺した事例から検討すると、以下のような生徒指導上の留意点が考えら

れ、不適切な指導が発生しないよう教師への注意喚起を図る必要を訴えました。

①思い込みで指導しない（十分な事実確認をする）

②一方的に決めつけて指導しない（生徒の言い分を十分に聴くこと）

③一人の教員の判断で行わない（組織的な対応をする）

④圧迫感のある場所・密室で指導しない（生徒が緊張しない場所を選ぶ）

⑤他人の面前で恥をかかせない（プライバシーの守られた場所を選ぶ）

⑥大声で怒鳴ることはしない（落ち着いた雰囲気をつくる）

⑦威圧的、感情的な態度を取らない（冷静な言葉で伝える）

⑧過去の指導内容を関連付けて広げない（指導対象とした行為をはっきりさせて指導する）

⑨複数人で威圧的な指導をしない（なだめ役と叱り役を決める）

⑩指導後に1人にさせない（保護者に連絡をする）

⑪連帯責任を問わない（個人の問題と集団の問題は分ける）

⑫指導と懲戒を混同しない（懲戒の言い渡しは別にする）

⑬差別的、排除的な懲戒はしない（教育的効果のある指導内容にする）

　以上の項目は、学校で実際に「生徒指導」あたる全ての教師が留意しなければならない重要なものばかりであり、これらの意見は今回の『生徒指導提要』の改訂にあっても一定程度反映されています。重要なのは、学校で「不適切な指導」が行われないように、現場の教師たちにこれらの留意点をしっかりと伝えて徹底していくことではないでしょうか。

3. 「生徒指導」をきっかけとした子どもの自殺・指導死

　「安全な生徒指導を考える会」が文科省への要請を行うこととなったきっかである児童生徒の「指導死」とは、学校において教師の「生徒指導」により肉体的、精神的に追い詰められた生徒が自殺に追い込まれることを意味する言葉で、「指導死」親の会共同代表の大貫隆志氏による造語です。

　2013年の大阪市立桜宮高校での教師による体罰と、それによる生徒の自殺

によって、教師の「生徒指導」をきっかけとした子どもの自殺の問題がクロー
ズアップされ、「指導死」という言葉が広く使われるようになりました。

　この言葉を考えた大貫氏も2000年に、中学2年生だった次男陵平くん（当時
13歳）を「指導死」で亡くしています。陵平くんは校内でお菓子を食べていた
として教諭から長時間にわたって生徒指導を受け、その翌日に指導を苦にした
と受け取れる遺書を残して自宅マンションから飛び降り自殺をしたのでした。

　その後、同じように「生徒指導」による自殺によって我が子を亡くした親た
ちがつながりあう中で「指導死」という言葉が使われるようになり、〈生徒指
導による自殺「指導死」を考える会〉としての集会やシンポジウムを開催した
り、文科省へ申し入れたりしました。メディアもこの問題を大きく取り上げる
ようになり、「考える会」は〈「指導死」親の会〉として地道に活動に取り組ん
でいます。

4.「指導死」の定義

　大貫氏によると、「指導死」とは「生徒指導をきっかけとした子どもの自
殺」であるとして、具体的には以下のように定義づけています。

---

(1) 一般に「指導」と考えられている教員の行為により、子どもが精神的
　　あるいは肉体的に追い詰められ、自殺すること。
(2) 指導方法として妥当性を欠くと思われるものでも、学校で一般的に行
　　われる行為であれば「指導」と捉える（些細な行為による停学、連帯責
　　任、長時間の事情聴取・事実確認など）。
(3) 自殺の原因が「指導そのもの」や「指導をきっかけとした」と想定で
　　きるもの（指導から自殺までの時間が短い場合や、他の要因を見いだすこと
　　がきわめて困難なもの）。
(4) 暴力を用いた指導が日本では少なくない。本来「暴行・傷害」と考え
　　るべきだが、これによる自殺を広義の「指導死」と捉える場合もある。

　この定義によると、「指導死」は「体罰」を苦にしての自殺だけでなく、体

罰などの暴力がなくても精神的に児童生徒を自殺に追い詰めることも含めた広い概念となっています。

　「指導死」では学校や教師の指導のあり方が問題となるため、「いじめ」の問題以上に学校側が事実を隠そうとする傾向が指摘されており、遺族が真相究明に乗り出しても学校や教育委員会が情報を隠蔽する場合もあり、その隠蔽体質は社会問題となっています。

　教育評論家・武田さち子氏の分析によると、「指導死」に該当すると考えられる子どもの自殺（未遂含む）は1952年から2016年2月までの間に計83件あり、特に1989年から2016年の間に61件発生したとしています。また誤った内容に基づいて児童生徒を追い詰めた「冤罪型」も1989〜2016年で10件あったと分析しています。

5.「指導死」を引き起こす教師の「不適切な指導」とは

　学校における教師から児童生徒への働きかけは、ある意味で全て「指導」だと言えるわけで、それらの「指導」全てが「指導死」を引き起こす原因になることはありません。「指導死」を引き起こす「指導」のほとんどが「生徒指導」の場面で行われることから、正確には「不適切な生徒指導による死」と呼んだ方がよいのかもしれません。

　さらに「生徒指導」と言っても、児童生徒に対する実に様々な「指導」があり、これまた全てが「指導死」に結びつくものではありません。では、どのような「不適切な生徒指導」が「指導死」を引き起こす可能性があるのでしょうか。大貫氏が実際の「指導死」の事案から以下のような「生徒指導」の例を挙げています。

（1）長時間の「身体的拘束」
（2）複数の教員で取り囲む「集団圧迫」
（3）心理的外傷を負わせる「暴言」や「恫喝」
（4）えん罪型の「決めつけ」
（5）反省や謝罪、密告などの「強要」

---

(6)　連帯責任を負わせる「いやがらせ」

(7)　本来の目的から外れた「過去の蒸し返し」

(8)　不釣合いに重い「見せしめ的罰則」

(9)　子どもを一人にする「安全配慮義務違反」

(10)　教育的配慮に欠けた「拒絶的対応」

　基本的にこのような「生徒指導」が教師によって行われるのは、児童生徒がなんらかの「問題行動」や「非行」を行った（もしくは教師がそう思った）時だといえます。従って、このような「生徒指導」は、むしろ「事実行為としての懲戒」として行われていると考えられます。

　学校における「懲戒」は、児童生徒になんらかの「非違行為（やってはいけない行為）」があった時に、校長及び教員が行うことができる「懲らしめ・制裁・罰」のことです（学校教育法第11条）。「体罰」もこの「懲戒」に含まれますが、それは「やってはいけない」ことです。

　高校における「停学・退学」は、「法的処分としての懲戒」として学校長のみが行使できますが、それ以外の「懲戒」（たとえば注意・叱責・命令など）は「事実行為としての懲戒」として教員も行使することができるとされています。

　大貫氏が挙げている「指導死」を引き起こす10項目の「指導」は、いずれも児童生徒の「非違行為」（もしくはそれと思われる・疑われる行為）に対する「事実行為としての懲戒」の延長上に発生しているものだと思われます。

6.「事実行為としての懲戒」というグレーゾーン

　第13章でも述べましたが、教師が行っている「生徒指導」の多くは「懲戒」として、とりわけ「事実行為としての懲戒」として行われているものです。にもかかわらず、ほとんどの教師は、そのような「事実行為としての懲戒」を、そのようなものと自覚することなく、ただの「生徒指導」もしくは「教育的な指導」だと思って行っているのです。

　「懲戒」は、たとえ教育的な「懲戒」であっても、「懲らしめ・制裁・罰」という性格上、一定の権利制限・権利停止を強いるものです。したがって「懲戒

権」の行使にあたっては、「手続きの公正性・公平性」が求められ、「適性手続きの原則」が保障されていなければなりません。学校長が行う「法的処分としての懲戒」の場合は、その処分決定には職員会議での審議・合議が前提となるので、「適性手続きの原則」はある程度保障されますが、教員が個人的に行うことができるとされる「事実行為としての懲戒」については、それを行使している教員自身がそれを自覚しておらず（懲戒ではなく指導だと思っている）、その指導（懲戒）の基準・内容・程度・方法についても恣意的な判断によって行われているのです。

　つまり「事実行為としての懲戒」という「生徒指導」は、「指導」と「懲戒」の間にあり、どこまでが「指導」で、どこからが「懲戒」なのかが不分明で不明確なグレーゾーンなのです。グレーゾーンであるがゆえに、「指導」としての「教育的な原理・原則」も、「懲戒」としての「適性手続きの原理・原則」も働かない「原理・原則なき指導（懲戒）」という、きわめてブラックな指導（懲戒）が行われる可能性があるのです。

7.　児童生徒を死に至らしめる「生徒指導」は「教育」なのか？

　教師の「不適切な指導」により肉体的、精神的に追い詰められた生徒が自殺に追い込まれる「指導死」は、「教育的な原理・原則」も「適性手続きの原理・原則」も働かない「事実行為としての懲戒」というグレーゾーンにおいて、「原理・原則なき指導（懲戒）」というブラックな生徒指導によって引き起こされているのです。

　ある意味で「体罰」は、この「事実行為としての懲戒」というグレーゾーンの中で「原理・原則なき指導（懲戒）」の一つとして、児童生徒に対して「身体に対する侵害」と「肉体的な苦痛を与える」ために行われるものだと言えるでしょう。

　大阪府立桜宮高校の体罰自殺事件のように「体罰」が原因となって生徒が自殺に追い込まれた「指導死」もありますが、「指導死」の80%以上は、「体罰」などの有形力の行使を伴わないケースなのです。それは、「体罰」と同様、あるいはそれ以上の「精神に対する侵害」と「精神的な苦痛を与える」も

171

のとしての「生徒指導（事実行為としての懲戒）」が行われ、それによって児童生徒が自殺にまで追い込まれたと言えるのではないでしょうか。

　「指導死」の事例を見ていくと、教師による「指導」という名の「叱責」「暴言」「脅し」「威嚇」など「不適切な指導」のオンパレードです。教師自身は、それが児童生徒に対する適切で必要な教育的な「指導」であると認識していたとしても、そして「体罰」などの有形力を行使していないとしても、その「指導」を受けている児童生徒にとっては、精神的な威圧となり大きな苦痛を感じて追いつめられてしまう可能性があるのです。

　なぜ教師の「生徒指導」が児童生徒を肉体的・精神的に追いつめて死に至らしめてしまうのでしょうか。それは、教師が「生徒指導」という名の下に、児童生徒に対して「教育的な原理・原則のない指導」と「適性手続きの原理・原則のない懲戒」を加えてしまうからではないでしょうか。「原理・原則のない指導（懲戒）」は、もはや「指導」でも「懲戒」でもなく、ただの「支配・暴力」にすぎません。

　児童生徒の命が失われるのは最大の「人権侵害」です。もし教師の「生徒指導」によって児童生徒の命が失われてしまうならば、それはもはや「指導」でも「教育」でもありません。「教育」でも「指導」でもなくなった「生徒指導」のことを「ブラック生徒指導」と言うのです。

ブックガイド

大貫隆志編（2013）『指導死　追いつめられ死を選んだ七人の子どもたち』高文研
内田良（2019）『学校ハラスメント　暴力・セクハラ・部活動』朝日新聞出版
川原茂雄（2020）『ブラック生徒指導』海象社

第4部
guidanceとしての生徒指導

第16章
教育相談とカウンセリング

　「生徒指導」には、「消極的・予防的・治療的・課題解決的生徒指導」と「積極的・開発的生徒指導」という「ふたつの生徒指導」があると言われています。前者はdisciplineとしての生徒指導であり、後者はguidanceとしての生徒指導と言えるでしょう。「教育相談」は、そのguidanceとしての生徒指導の具体的な指導のひとつです。たんに、「困ったことや悩み事を相談する」というだけでなく、「生徒の自己実現を促進するための援助手段の一つ」として、様々な機会に行われるものなのです。

キーワード

教育相談、ガイダンス、カウンセリング、スクール・カウンセラー

1.「教育相談」とは何か

　「教育相談」という言葉から、どのような指導を思い浮かべるでしょうか。一般的には「困ったことや悩み事の相談」というイメージや、「教育相談室（カウンセリング・ルーム）」や「スクール・カウンセラー」などでしょうが、文部省の定義によると「教育相談とは、ひとりひとりのこどもの教育上の諸問題について、本人またはその親、教師などに、その望ましいあり方について助言、指導をすることを意味する。言いかえれば、個人のもつ悩みや困難を解決してやることにより、その生活によく適応させ、人格成長への援助を図ろうとするものである」（『生徒指導の手びき』1965年版）とされています。

　学校における教育活動には、大きく分けて二つの指導があります。ひとつは

「教育課程」の教育活動の指導（各教科、特別活動、道徳教育など）と、もうひとつは「教育課程外」の教育活動の指導（生徒指導、進路指導、保健指導など）です。「教育相談」は、おもに「教育課程外」の教育活動である「生徒指導」の中に位置づけられますが、校務分掌として別に位置づけられることもあります。

「生徒指導」の指導方法には、「集団指導」（学級、学年、全校を対象とする指導）と「個人指導」（個人を対象とした指導）という二つの指導方法があるとされていますが、「教育相談」は、基本的には個人を対象とした「個人指導」にあたります。ここでは、「教育相談」を、「学校における教育課程外の教育活動の指導において、児童生徒個人を対象とした教師の相談活動」と定義したいと思います。

2. 「教育相談」は誰がやるのか？

それでは、「教育相談」という指導は、学校の中で誰がやるのでしょうか。一番は、まず学級担任である教師が行うことになります。学級担任は、まず自分が担当している学級の児童生徒全員について、一番、教育相談をしなければならないし、する機会が多い立場にあると思います。次に、校務分掌として「生徒指導部」や「教育相談部」に配属され、そこで教育相談の担当教員としての任務を担う教師がいます。このような教師は、おもに教育相談室（カウンセリング・ルーム）の運営や児童生徒への相談活動、あるいは養護教諭やスクール・カウンセラー、または関係諸機関との連携や連絡調整を行います。

次に、養護教諭が行う教育相談も重要です。養護教諭は、保健室に訪れる生徒たちに対して、怪我や病気の治療だけでなく、メンタルな相談などの対応をしています。教師からの評価のまなざしにさらされることのない保健室では、養護教諭には生徒たちも心を開いて悩み事の相談をすることが少なくありません。

さらに、その学校に配属されるスクール・カウンセラーが行う教育相談があります。スクール・カウンセラーは特別な資格を有する専門職ですが、常勤ではなく、だいたい週に2回程度しか学校には来ません。また、すべての学校に

配属されているわけでもありません。学級担任や教育相談担当教員は、養護教諭やスクール・カウンセラーと、日頃から情報を共有しながら、連携して生徒たちの教育相談にあたらなければなりません。この他にも、教科担当教員、さらには部活動顧問など教員全員が、なんらかのかたちで生徒たちの教育相談にあたっていき、連携した体制をとっていく必要があります。

3.「教育相談」は何をやるのか？

　では「教育相談」では、教師は、生徒に対して、具体的にどのようなことについて相談をしていくのでしょうか。おもに学級担任の場合だと、まずは①学習指導についての相談です。日常的な学習への取り組みの姿勢や態度、各教科の成績や出席状況、類型・コース・選択科目の決定についてなど、生徒一人一人の個性や能力に応じた指導（相談）が必要です。次に、②生徒指導についての相談です。日常的な遅刻・早退・欠席の状態、行動や態度、服装や頭髪の状況などについての相談を行います。次に、③進路指導についての相談です。生徒一人一人の進路希望を、その生徒の能力や個性・適性などをみながら、適切な進路選択への相談を行います。さらに④保健指導についての相談です。日常的な生徒の体調や健康状態、心理状態、特にメンタルな面での落ち込みや悩みなどについての相談を行います。以上のようなことについては、学級担任だけでなく、教育相談担当教員、養護教諭、スクール・カウンセラー、教科担当教員、部活動の顧問などが、さまざまな立場から、いろいろな場面での相談を行いながら、情報を共有し、連携していくことが必要です。

4.「教育相談」はいつ、どこでやるのか？

　このような「教育相談」を、教師は、いつ、どのように行うのでしょうか。基本的に「教育相談」というのは、「個人指導」であり、教師と生徒の一対一で対面する場面で行われます。学校の教育活動というのは、基本的に「集団指導」の場面がほとんどですので、「教育相談」にあたっては、教師は意図的に「個人指導」の場面をつくっていく必要があります。

　まずは、①「定期的相談」として、年間のうちに何度か（学年はじめ、学期末、学年末など）、学級の生徒全員に対して行うものがあります。私の場合は、だいたい学期末の成績が出た頃に、毎回実施していました。おもにLHRの時間や昼休み。放課後などの時間を利用して、生徒一人一人と面談して、話をしました。成績や進路のことだけでなく、日頃の学校生活の話題や、友人関係、家族の状況などについても話をします。このようなことがないと、一年間に一度も話をすることがない生徒もいますので、学級担任としては貴重で重要な相談の機会です。

　次に、②「不定期的相談」として、特に定期的ではなく、必要や機会に応じて生徒の相談を行うものがあります。これには (1)「呼びかけ相談」として、ちょっと気になる生徒がいた時に、その生徒に呼びかけて個別に相談を行うというものがあります。日頃から学級の生徒一人一人の様子をよく観察して、個別での面談が必要と感じたタイミングに声をかけることが重要です。また、(2)「チャンス相談」というものは、日常の学校生活の中で、生徒との接触の機会を伺い、意図的に声をかけて相談の場面をつくることです。放課後の教室清掃を一緒にやっている時とか、廊下や階段でたまたますれ違った時に、偶然のように学級担任から声をかけられた経験がある人も多いのではないでしょうか。それは「偶然」ではなく、その教師が、あなたに声をかける「チャンス」を狙っていたのです。

　さらに (3)「自発的相談」というのは、生徒自身が自発的・自主的に教師のところに来て相談を求めるというものです。これは、めったにないことなのですが、非常に重要な生徒との相談の機会です。ふつう悩みの相談相手として「教師」が選ばれるということはほとんどありません。そういった中で、生徒が教師のところに相談に訪れるというのは、「よっぽどのこと」であると思います。そのような場合、私はどんなに忙しくとも、何をさて置いても、その生徒のために時間を取って、一対一で話をすることにしています。

　教師が、生徒との「教育相談」を行う時、どこでやるのかというのも大事な問題です。基本的に「教育相談」は、生徒との一対一の対面によって行いますので、周囲に他の教員や生徒がいるような職員室や教室の中でというのは避けた方がいいと思います。教育相談室という部屋を利用するということもありま

すが、準備室やその時に使っていない特別教室などを活用することもあります。場合によっては、廊下や保健室ということもありますし、あるいは家庭訪問して生徒の自宅でということもありますが、校外で生徒と一対一で会って相談するというのは避けたほうがいいと思います。

5.「教育相談」は、どうやってやるのか？

　「教育相談」を行うためには、生徒一人一人についての「資料」や「情報」が必要です。学級担任として、「教育相談」を行うために、自分の学級の生徒全員についての基本的な資料として、生徒一人一人の、①学習状況（成績）、②出席状況、③健康状態、④性格・行動、⑤家庭状況、⑥友人関係、⑦進路希望などをしっかりと記録したものをファイリングしておく必要があります。さらに、日常の学校生活の中で気付いた生徒一人一人の様子や特徴、エピソードなどをメモしたり、ノートに記録しておくことが大事です。自分で見たことだけでなく、他の教員や養護教諭などからの情報なども集めておくことが重要です。気になることだけでなく、良かったこと（テストでの好成績、部活動での活躍など）などの情報は、おりにふれて本人をホメてあげたり、学級通信で知らせたりすることもよいかもしれません。

　ふたつの「生徒指導」として、「積極的・開発的生徒指導」と「消極的・予防的・治療的・課題解決的生徒指導」ということを述べましたが、「教育相談」についても同様に、「積極的・開発的教育相談」と「消極的・予防的・治療的・課題解決的教育相談」があります。

　「教育相談」というと、どちらかというと生徒が困ったことや悩んでいることの相談、あるいは「不登校」や「いじめ」「メンタルな問題」への対応というイメージがありますが、学級担任として日常的に行う「教育相談」の多くは、その生徒をどのように伸ばしていくのか、成長させていくのかという「積極的・開発的」なものだと思います。生徒一人一人の学校生活の様子をよく観察し、その生徒の能力や個性をみきわめながら、適切な方向に導いて（ガイドして）いくことこそが、本来の意味での「ガイダンス」であり「教育相談」であるように思います。

6.「教育相談」と「カウンセリング」

戦前の「教育相談」は、ほとんどが学校以外の専門機関における「教育相談」活動が中心でした。

戦後になりアメリカの「ガイダンス理論」（職業・進学指導、教育測定、精神衛生）が紹介され、この「ガイダンス」という言葉が一般的には「生徒指導」と日本語訳されました。

この「ガイダンス」を計画的に行うための手法の中心として採用されたのが「カウンセリング」でした。1960年代に日本の学校での「教育相談」における「カウンセリング」には、「臨床心理学」の理論と方法に立脚した「心理療法」が導入されました。特にC・R・ロジャーズの心理学に立脚した彼のカウンセリングの方法である「来談者中心療法」（非指示的心理療法）がとりいれられたと言われています。その特徴は、①「受容」と「共感」の態度、②「人間関係」を大切にする、③相談者の自主性・自発性・自己決定力を尊重する、④「聴くこと」を重視することでした。そのカウンセリングの手法としては、(1) ラポール（信頼関係）(2) 傾聴 (3) 受容 (4) くりかえし (5) 要約 (6) 明確化 (7) 沈黙 (8) 質問 (9) 助言などがあります。

1960年代以降、日本のほとんどの学校には「教育相談室」が設置され、教師による「教育相談（カウンセリング）」が導入され、「生徒指導部」の中の係のひとつとして「教育相談」が位置付けられるようになりました。このことによって、「生徒指導部」の「教育相談」の係となった教師が、「教育相談室」の運営と「教育相談（カウンセリング）」を担当することになったのでした。

当時、「カウンセリング・マインド」という和製英語が流通（流行）しました。これは、「心理カウンセラーのような共感的・受容的な心と態度」という意味だと思われます。本来、専門的な心理学の勉強をしていない教師が、学校での「カウンセリング」を行う時に、このような「カウンセリング・マインド」を持つべきだということだったのでしょう。

しかし、このような教師による「教育相談（カウンセリング）」は学校現場にはなかなか定着していきませんでした。むしろ現場の教師たちからは、このような「教育相談（カウンセリング）」は、生徒への「甘やかし」であるとか「放

任的態度」や「心理学主義」などと批判されました。結局は「教育相談」の係
となった担当者まかせになったり、一部の「教育相談好き教師」の専門化にと
どまっていました。

7.　1980 年代以降の「教育相談（カウンセリング）」

　しかし、1980 年代以降になって、学校現場に「いじめ、不登校、心の病」
等々の問題が噴出したことによって、あらためて「教育相談（カウンセリン
グ）」が注目、期待されることになりました。

　1986 年、東京都中野区の中学校で「葬式ごっこいじめ事件」が起きた時
に、当時の文部省から学校現場への「外部カウンセラー」導入が提案されまし
た。しかし、予算の関係で、当時の大蔵省の査定によって削られてしまい、現
実化しませんでした。

　結局、当時の文部省は、教師の「カウンセラー化」による「スクール・カウ
ンセリング（教育相談）」の推進の方向に舵を切りました。これは、すべての
学校に「カウンセラー」を置くより、すべての教師に「カウンセリング」の力
を付けさせて「教育相談（カウンセリング）」に対応させるというものでした。

　これによって、大学での教員養成課程での「教育相談」関連講座が開設
（1984 年〜）されるようになりました。

　さらに現職教員のために、様々な「カウンセリング研修（養成講座）」実施
が推進（東京都では 1982 年から本格化）されていきました。これによって即席
の「カウンセリング教師」の数は増加しましたが、やはり一部の「カウンセリ
ング好き教師」もしくは「カウンセラーもどき教師」が増えただけだとも言わ
れています。

　それでもなかなか「カウンセリング」の学校現場への定着がすすまない背景
には、学校現場に根強い「カウンセリング」導入への不信・不安、不満がある
と言われています。学校内では、生徒に厳しい生徒指導教師と、生徒に甘い
（と言われる）教育相談教師との対立があったり、生徒もなかなか教師には相談
することはなく、「教育相談室」はいつも閑古鳥だったり、あるいは生徒指導
の「取り調べ室」に化したりしていました。

　むしろ当時は、保健室が、教師の「評価・指導」のまなざしからの避難場所として「かけこみ寺」化して、生徒たちが様々な相談をもち込むという、養護教諭の「スクール・カウンセラー」化がみられました。

8. スクール・カウンセラーの導入

　1994年に愛知県で起きた「大河内くん」いじめ事件の衝撃は大きく、これによって当時の文部省は「いじめ対策緊急会議」（1995年3月）を設置し、そこで「いじめ問題」の解決が学校（教師）だけの対応では困難であるとの判断から、「スクール・カウンセラー事業」の導入が提案されました。これは、わが国ではじめて高度の専門的知識・経験を有する専門家（心理カウンセラー）を、学校現場でのスクール・カウンセラーとして活用しようというものでした。

　その後「スクール・カウンセラー活用調査研究委託実施要項」（1995年文部省初等中等教育局長決裁）が提示され、2年間の期限付きでの、スクール・カウンセラー活用の効用に関する研究調査がはじまりました。これは、「スクール・カウンセラーを生徒指導等に関する校内組織に適切に位置付け、いじめ、校内暴力、登校拒否、中退等の生徒指導上の諸課題により効果的に取り組めるよう活用することを実践的に調査をしようとするもの」で、指定された小・中・高に、一校一名ずつの「スクール・カウンセラー」を週2回（一日4時間）・年35週の契約で派遣するもので、全国154校、予算3億7,000万円からスタートしました。

　この調査は、平成13年に委託事業に変更され、文科省がすべての中学校にスクール・カウンセラーを配置することを決定しました。平成20年には、中学校に加え、小学校1,105校にスクール・カウンセラーを配置、さらにスクール・ソーシャルワーカーの配置を決定しました。

　スクール・カウンセラーの資格としては、基本的に「臨床心理士等、高度に専門的な知識経験を有する者」（準ずる者）で、この「臨床心理士」とは「日本臨床心理士資格認定協会」による認定試験で認められた者となります。

　スクール・カウンセラーの具体的な仕事内容には、①子どもとの面接、②保

護者との面接、③教師のコンサルテーション（助言と援助）、④外部の専門機関
との連携、⑤研修、講演活動などがありますが、非常勤としての待遇と勤務体
制の限界などの問題があるとされています。

9.「生徒指導」と「教育相談」の対立

　日本の学校現場においては、つねに「ふたつの指導原理」の対立があると言
われています。①「担任指導中心」か②「担当者指導中心」か、①「教科指導
中心」か②「人格（人間性）指導中心」か、①「集団指導中心」か②「個人指
導中心」か、①「指導・命令中心」か②「受容・共感中心」か、です。日本の
学校現場では圧倒的に①の原理（担任指導・教科指導・集団指導・指導命令中
心）の方が強いとされています。

　また、「管理的生徒指導教師」vs「受容的教育相談教師（カウンセリング教
師）」という対立の構図も見られると言われています。この「受容的教育相談
教師（カウンセリング教師）」の特徴・傾向としては、(1)「受容」を強調しす
ぎる。（指導・要求の軽視）、(2)「個別指導」のイメージが強すぎる、(3) 学校
と専門機関（専門家）との違いが不明確、(4)「教育相談」と「生徒指導」を対
立的に捉えすぎる、とされています。

　このような「受容的教育相談教師」の「受容・共感・治療」の指導は、「管
理的生徒指導教師」による指導である「しつけ・管理・強制」と対立的に見ら
れることもあります。しかし、本来的には「生徒指導」＝「教育相談」である
はずであり、ふたつとも目指すところは児童・生徒一人ひとりの「成長・発
達」を支え、「自己実現（アイデンティティの確立）」を援助することであるは
ずです。

　「教育相談」とは、「生徒の自己実現を促進するための援助手段の一つであ
る。言いかえれば、生徒自身が現在の自分および自分の問題について理解し、
どのようにすればその問題を解決できるかについて自己洞察をし、自らの内に
もつ力によって自己変容していくことを援助する過程である。」（文部省『生徒
指導上の問題についての対策』1980）とされているように、このふたつを対立的
に捉えるのではなく、生徒の自己実現にむけての「ガイダンス」という生徒指

導本来の目的にむけて統一的に捉えていく必要があると思います。

ブックガイド

文部科学省（2010）『生徒指導提要』
文部科学省（2022）『生徒指導提要（改訂版）』
藤原喜悦（1984）『教育相談の研究』金子書房
村山正治・山本和郎（1995）『スクールカウンセラー』ミネルヴァ書房

第17章
進路指導とキャリア教育

　「進路指導」というと、中学校では高校に進学するための指導、高校
では大学進学や企業への就職のための指導というイメージがあり、ど
うしても成績や偏差値で振り分けられるという印象が強いのではない
でしょうか。戦後日本の「生徒指導」の語源であるアメリカの「ガイ
ダンス」が、もともとは青少年が自己の個性や能力を知って、その将
来の進路や職業選択を誤らない指導＝職業指導の理論であったことか
ら言って、guidanceとしての生徒指導の基本は「進路指導」であると
言えるでしょう。

> ### キーワード
>
> 進路指導、ガイダンス理論、職業指導、キャリア教育、勤労観・職業観

1.「ガイダンス理論」と「生徒指導・進路指導」

　戦後、アメリカによる教育改革のひとつとして、アメリカ教育使節団の来日
によって「ガイダンス理論」が紹介されました。「ガイダンス理論」とは、戦
前のアメリカで起こった職業指導運動の理論であり、青少年が自己の個性や能
力を知って、その将来の進路や職業選択を誤らないようにする指導（職業指
導）のためのものでした。内容的には、①職業指導、②進学指導、③教育測
定、③教育相談、④精神衛生などを含む幅広い概念でした。

　この「ガイダンス理論」は、GHQ（連合国軍総司令部）の「CIE（民間情報教
育局）」の指導者や日本の教育学者たちによって「IFEL（教育指導者講習会）」
等の機会を通して、戦後日本の教育界に広められていきました。当時、この

「ガイダンス」という言葉が、「指導」「生活指導」「生徒指導」というような言葉に訳されていたのでした。

この頃、「ガイダンス」の主な領域・内容としては、①学業指導、②個人適応指導、③社会性・公民性指導、④道徳性指導、⑤進路指導、⑥保健・安全指導、⑦余暇指導などが挙げられていました。

このようなことから、本来の「生徒指導」の概念と領域には、現在「生徒指導」として考えられるものだけでなく、「進路指導（職業指導）」や「教育相談」さらには「学業指導」をもふくむ広いものだったのでした。文部省は、その後1949（昭和24）年に「児童の理解と指導」「中学校・高等学校の生徒指導」の教師用手引を作成配布して、その「生徒指導」の概念と理論の普及をはかっていきました。

文部省は、戦後初めての学習指導要領（1947年）では「職業指導」という言葉を使い、「職業指導とは、個人が職業を選択し、その準備をし、就職し、進歩するのを援助する過程である」と定義して、1954（昭和29）年には『中学校・高等学校職業指導の手びき』を刊行しています。

その後、1957（昭和32）年の中教審答申「科学技術教育の振興方策について」のなかで「職業指導」が「進路指導」と改称され、文部省の学習指導要領においても「進路指導」が使われるようになったのでした。

一方、文部省は「道徳」の時間の特設に続いて、1965（昭和40）年『生徒指導の手引き』を発行し、「生活指導」と「生徒指導」の用語の整理や、生徒指導の機能・領域と進路指導や学業指導の明確化をはかり、以降、現場では「生徒指導」と「進路指導」が別のものとして定着していきました。

現在、日本語の「生徒指導」の英語訳は、一般的には「guidance & counseling」とされています。

現在のアメリカにおいて、日本の「生徒指導」にあたる「guidance & counseling」は、一般的には「school counseling」と呼ばれていますが、その起源は「guidance」であるとされています。戦前からの「ガイダンス理論」に基づく具体的な指導方法が「counseling」であるとも言われています。

アメリカの「school counseling」は、基本的に子どもの発達援助のための指導であり、①学業的発達、②キャリア的発達、③個人的－社会的発達を統合的

に進めるものとされています。そのための「スクール・カウンセリング・プログラム」が、生徒の発達段階、時系列に応じて、情報や知識、様々なスキルが生徒の学業や進路、そして個人的・社会的発達のために用意され、それを具体的に指導していくのが「スクール・カウンセラー」であるとされます。

　アメリカの学校では、基本的に1,500人程度の生徒の学校に5人程度の常勤カウンセラーが配置されることになっていて、日本の学校における担任教師のような仕事（学業指導、進路指導、教育相談等）を行っています。

2. 「進路指導」とは

　さきにも述べたように、文部省は戦後初めての学習指導要領（1947年）では「職業指導」という言葉を使い、「職業指導とは、個人が職業を選択し、その準備をし、就職し、進歩するのを援助する過程である」と定義しています。

　1953（昭和28）年には中・高等学校に「職業指導主事」を置くことになり、教育課程上では、当初「職業・家庭科」の中で職業科担当教師が指導することになっていました。

　さらに、1954（昭和29）年には『中学校・高等学校職業指導の手びき』を刊行し、学校における「職業教育」を、「個人資料、職業・学校情報、啓発的経験および相談を通じて、生徒自ら将来の進路の選択、計画をし、就職または進学して、さらにその後の生活によりよく適応し、進歩する能力を伸長するように、教師が教育の一環として、組織的、継続的に援助する過程である」と定義しました。

　1958（昭和33）年の学習指導要領から「職業・家庭科」は「技術・家庭科」となり、職業指導的内容は特別教育活動の「学級活動」の内容となり、学級担任が指導することになりました。

　1957（昭和32）年の中教審答申の中で「職業指導」から「進路指導」へと改称されたことを受けて、以後文部省も「進路指導」の言葉を使うようになり、1961（昭和36）年に発行した『中学校・高等学校進路指導の手引き』においては以下のように定義しています。

　「進路指導とは、生徒の個人資料、進路情報、啓発的経験および相談を通じ

て、生徒自ら、将来の進路の選択・計画をし、就職または進学して、さらにその後の生活によりよく適応し、進歩する能力を伸長するように、教師が組織的・継続的に援助する過程をいう」

　さらに1975（昭和50）年に発行された同手引きの「高等学校ホームルーム担任編」では次のように定義されています。

> 　進路指導は、生徒の一人ひとりが、自分の将来の生き方への関心を深め、自分の能力・適性等の発見と開発に努め、進路の世界への知見を広くかつ深いものとし、やがて自分の将来の展望をもち、進路の選択・計画をし、卒業後の生活によりよく適応し、社会的・職業的自己実現を達成していくことに必要な、生徒の自己指導力の伸長を目指す、教師の計画的、組織的、継続的な指導・援助の過程と言い換えることもできる。

　以上のことから、当時の文部省が示す学校における進路指導の定義のポイントをまとめてみると以下のようになります。

> ①進路指導は、生徒自らの生き方についての指導・援助である。
> ②進路指導は、個々の生徒の職業的発達を促進する教育活動である。
> ③進路指導は、一人ひとりの生徒を大切にし、その可能性を伸長する教育活動である。
> ④進路指導は、生徒の入学当初から、組織的、継続的、計画的、系統的に行われる教育活動である。

3. 「進路指導」の現実

　文部省の「進路指導」の定義は以上のようなものだったのですが、実際に中学校・高等学校で教師によって行われている「進路指導」とは、どのようなものなのでしょうか。

　生徒の「進路選択・進路決定」を考えるために教師が重視しなければならな

い四つの要素（ファクター）があるとされています。

---

①本人の夢・希望・意志

②本人の適性・性格

③本人の能力（学力・技能など）

④親の職業・階層

　本来であるならば、学校における進路指導では、①が最優先に重視されるべきであるのですが、現実的には③本人の能力、それも「学力（点数・偏差値）」が最も重視される傾向があります。

　特に中学校では、高校進学の入試があるために「進路指導」の現実として、成績（偏差値）による振り分け（選別）が行われます。高校の入試ランクによる「学校間格差」という現実の前での「進路指導」によって、その生徒が「受けたい（行きたい）学校」よりも、確実に「受かる（行ける）学校」を選択させられてしまうことが起きることがあります。これによって、必ずしも「行きたい」と思った高校ではないところへの「不本意入学」と、それによる「進路変更・中途退学」という問題が起きることがあります。

　一方、高校での「進路指導」の現実としては、その学校の生徒の学力や進路希望の違いによって、大きく「進学中心の進路指導」を行う学校と、「就職中心の進路指導」を行う学校とに分けられていきます。

　「進学中心の進路指導」の学校では、大学や専門学校に入学させるための「指導」（受験指導）が中心となっています。このような学校での進路指導は、中学校における進路指導と同様に生徒の学力や偏差値によって進学先の大学が振り分けられ、必ずしも生徒の希望や適性とは合わない学校を受験させられる場合もあります。また、生徒をより高いレベルの大学に合格させるための受験指導に学校全体が過熱していく場合もみられます。

　一方「就職中心の進路指導」の学校では、企業や公務員に就職させるための「指導」が中心となっています。日本における就職指導は職業安定法第31条に基づいて学校に委託されるという独特のシステムがあり、これまで長く就職協定や一人一社主義、実績関係といった慣行のもとで学校から企業への配分がな

されてきました。これも基本的には生徒の成績や資格、性格・行動などを基準にして上から順に配分していくというシステムによって行われ、それによって生徒の統制をはかっていました。しかし、生徒と企業とがうまくマッチングしないで早期退職者が増えているなどの問題も起きています。

　このように学校における現実の「進路指導」は、どうしても「上級学校に進学させる指導・企業に就職させる指導」ということに重きがおかれ、その生徒の希望や意志、適性や性格を踏まえて丁寧に進路を指導していくというより、どちらかというと成績（偏差値）や資格、行動などで、上から順に「はめこんでいく」というような「出口指導」が中心の進路指導になっていきがちです。

　近年は、このような「出口指導」としての進路指導から、進学後、就職後のさらに先を見通した「生き方指導」を含む進路指導である「キャリア教育」への転換が求められています。

4. キャリア教育

　「キャリア教育」という言葉が公的に登場したのは、1999（平成11）年の中教審答申「初等中等教育と高等教育の接続の改善について」においてだとされています。同審議会は「キャリア教育を小学校段階から発達段階に応じて実施する必要がある」とし、さらに「キャリア教育の実施に当たっては家庭・地域と連携し、体験的な学習を重視するとともに、各学校ごとに目的を設定し、教育課程に位置付けて計画的に行う必要がある」と提言し、キャリア教育を「望ましい職業観・勤労観及び職業に関する知識や技能を身に付けさせるとともに、自己の個性を理解し、主体的に進路を選択する能力・態度を育てる教育」と定義しています。

　このような提言が出された背景には、フリーター、ニート、高い離職率など、当時の若者と職業の関係の変化が背景にあるといわれています。この答申を契機に文部科学省はキャリア教育を積極的に推進するようになりました。

　文科省は「キャリア教育」を、「児童生徒一人一人のキャリア発達を支援し、それぞれにふさわしいキャリアを形成していくために必要な意欲・態度や能力を育てる教育」「児童生徒一人一人の勤労観・職業観を育てる教育」と定

義しています。

　ここでいう「キャリア」とは、個々人が生涯にわたって遂行する様々な立場や役割の連鎖及びその過程における自己と働くこととの関係付けや価値付けの累積のことです。個人と働くこととの関係の上に成立する概念とされ、「キャリア発達」とは自己の知的、身体的、情緒的、社会的な特徴を一人一人の生き方として統合していく過程であるとされます。具体的には過去、現在、未来の自分を考えて、社会の中で果たす役割や生き方を展望し、実現することがキャリア発達の過程であるとされています。

　このようなことから、キャリア教育の意義としては以下のような項目が挙げられます。(「キャリア教育の推進に関する総合的調査協力者会議報告書」、2004年から)

---

①一人一人のキャリア発達への支援
②「働くこと」への関心・意欲の高揚と学習意欲の向上
②社会人・職業人としての資質・能力を高める指導の充実
③自立意識の涵養と豊かな人間性の育成

　さらに、キャリア教育推進のための具体的方策としては以下のような項目が挙げられています。

---

①「能力・態度」の育成を軸とした学習プログラムの開発
②教育課程への位置付けとその工夫－総合的な学習の時間の活用
③体験活動等の活用－職場体験、インターンシップ等
④社会や経済の仕組みについての現実的理解の促進等
⑤多様で幅広い他者との人間関係の構築

　以上のようなことから、「キャリア教育」において最も重要なのは「勤労観・職業観」の育成であるとされます。

　「勤労観」とは、働くことをいとわず、自分が社会のなかで一定の役割を果たすことに喜びを見出すなど、勤労に対する価値的な理解と認識であり、「職

業観」とは、人が職業を通じての生き方を選択するに当たっての基準となるもので、どんな部分で自分は社会の役に立てるのかを考えながら、職業についての理解を深め、方向性を定めていく概念のことです。

　国立教育政策研究所の「職業観・勤労観を育む学習プログラムの枠組み（例）」の中で、社会人・職業人として生きていくために必要な能力・資質として、①人間関係形成能力、②情報活用能力、③意志決定能力、④将来設計能力の四つの能力が挙げられ、これらの能力を児童生徒の成長の各時期において身に付けることが期待されるとしています。また、2017年告示の学習指導要領の総則及び特別活動においても、「学校におけるキャリア・ガイダンス機能の充実をはかる」ということが明記されています。

　しかし、このような中教審や文科省などの、上から下への「キャリア教育」推進の動きに対して、児美川孝一郎は、「態度主義、心理主義、適応主義」に陥る危険性があると指摘しています。

　児美川は、このような「キャリア教育」は、企業の採用行動や政府の労働政策の構造的要因を問わずに、若者たちの意識・能力・態度を問題とすることで、若年層雇用問題に対処しようとしている構図があり、既存の社会構造に若者たちを適応させようとする「適応主義」にキャリア教育が陥ってしまうとし、児童生徒には「働く力・働ける力」を身に付けさせると同時に、「人間らしく働ける権利（労働権）を保障させ実現させる力」を学び、身に付けさせる必要があるとしています。

5.　ガイダンスとしての「生徒指導」と「進路指導」

　最初にのべたように、日本における「生徒指導」の起源はアメリカの「ガイダンス理論」です。井坂行男によれば「ガイダンス」とは、「それぞれの児童生徒のもっている可能性（能力・素質）を発見し、それをその個人として許される最大限まで発達させようとする観点に立ち、教育者あるいは学校が力を合わせて、継続的、組織的に努力する実際の手続き、計画、方法、実践活動をいう」とされています。

　これは文科省が「生徒指導」の定義としている、「一人一人の人格を尊重

し、個性の伸長を図りながら、社会的資質や行動力を高める」「それぞれの人格のよりよき発達を目指す」「児童生徒自ら現在及び将来における自己実現を図っていくための自己指導力の育成を目指す」ものと基本的に同じことを意味しているように思われます。

　アメリカの「ガイダンス理論」が、もともとは青少年が自己の個性や能力を知って、その将来の進路や職業選択を誤らない指導＝職業指導の理論であることから言っても、ガイダンスとしての「生徒指導」の基本は「進路指導」であると言えるでしょう。

　アメリカの「生徒指導」である「ガイダンス＆カウンセリング」が、その言葉の意味どおりに「スクール・カウンセラーによる学業指導や進路指導」を意味するのに対して、日本では、「生徒指導」とは別に「進路指導」という概念や機能が学校教育の中に位置づけられています。日本において実際に行われている「生徒指導」は、むしろ児童生徒への規律指導や問題行動への指導という位置づけがなされているように思われます。

　しかし、「生徒指導」の本来の積極的な意義は、「人格の尊重」であり「個性の伸長」と「自己指導力の育成」であることを考えれば、むしろ「進路指導」こそが「生徒指導」の中核的なものとして位置づけ、捉え直していくべきであると思われます。そういった意味で、いま一度「生徒指導」と「進路指導」という概念と機能を、「ガイダンス」という言葉と理念の原点から、その本質を捉え直す必要があるように思います。

ブックガイド

文部省（1983）『進路指導の手びき　高等学校ホームルーム担任編』
文部科学省（2011）『中学校キャリア教育の手引』
白井三恵（1999）『生徒の自己実現を援ける生徒指導』学事出版
仙崎武他編（2000）『入門進路指導・相談』福村出版
児美川孝一郎（2007）『権利としてのキャリア教育』明石書店

第18章
生活指導とは何か
——源流としての生活綴方

　日本の教育や学校の世界には、「生徒指導」と「生活指導」という言葉があり、ほとんど同じような意味をもつ言葉として、よく混同されて使われています。しかし両者は、その概念の歴史的形成過程も、教育現場での使われ方も、かなり異なったところのある教育概念であると言えます。この「生活指導」という概念は、戦前・戦後の日本の教師たちが、学校現場での主体的な教育実践の中から生み出し、育ててきた教育概念であり、わが国の教育の歴史において、ひとつの伝統ともいえる歴史的な形成過程を有しているものなのです。

キーワード

生活指導、綴方教育、生活訓練、北方教育、生活台、生活綴方教育実践

1.「生徒指導」か？　「生活指導」か？

　日本の教育や学校の世界には、「生徒指導」と「生活指導」という言葉があり、ほとんど同じような意味をもつ言葉として、よく混同されて使われています。学生たちに、中学高校時代、「生徒指導部」だったか？　「生活指導部」だったか？　と聞いてみると、8割くらいの学生は「生徒指導部」だったと答えています。

　現在、文部科学省では「生徒指導」という言葉を統一して使用して、基本的には「生活指導」は使いませんし、ほとんどの学校では「生徒指導部」であ

り、学校内で使われるのも「生徒指導」という言葉の方が圧倒的だと思います。それでも、いま学校現場では、「生活指導」という言葉は使われていますし、「生活指導」の学習会や研究会、学会も存在しています。

　では、「生徒指導」と「生活指導」とは同じような意味をもつ言葉なのでしょうか？　それとも、まったく違った意味をもつ言葉なのでしょうか？　結論から言うと、両者の言葉の意味は全く異なっているとは言えませんが、その概念の歴史的形成過程も、教育現場での使われ方も、かなり異なったところのある教育概念であると言えます。そうであるにもかかわらず、現在に至るまで、「生徒指導」と「生活指導」という言葉の意味と使い方についての混同と混乱は、きちんと整理されていないように思われます。

　歴史的な概念の形成過程から言うと、わが国では「生活指導」という言葉の方が古くから使われていました。「生活指導」という言葉の起源は、戦前の大正期自由主義教育運動や生活綴り方教育運動のような民間の教師たちの教育実践運動にあると言われています。すなわち、この「生活指導」という概念は、国・文部省がつくって上から下におろしたような教育（指導）概念ではなく、戦前・戦後の日本の教師たちが、学校現場での主体的な教育実践の中から生み出し、育ててきた教育概念であり、わが国の教育の歴史において、ひとつの伝統ともいえる歴史的な形成過程を有しているものなのです。「生活指導」とは、国・文部省が目を向けず切り捨ててきた日本の子どもたちの現実の生活に目を向け、そこから教師が子どもたちとともに現実の生活の変革の可能性を探りながら、変革の主体となる人格形成に寄与しようとする教育的な営みであったのでした。

2. 「生活指導」概念の源流──自由主義的綴方教育実践

　「生活指導」という言葉や概念は、もともとは大正期における日本の民間の教育実践運動の中から生まれてきたものです。当時の日本の学校教育は、圧倒的な天皇制国家主義的教育体制の下にありましたが、そんな中でも、大正デモクラシーと呼ばれる自由主義的・民主主義的な時代の雰囲気を背景に、日本の教師たちの間から自由主義的な教育実践が生まれていきました。それは、子ど

もの自由・自治・自働・自学・創造などを重視する教育観・子ども観に基づき、子どもの自発性・個性尊重という立場から教育方法改革を中心とした新しい教育実践を創造しようとするものでした。

　そのような教育実践の中で、子どもの現実の生活、ありのままの生活を認識し、そこに切り込んでいく教育実践として、まず教師たちが取り組んだのは当時「綴方」と呼ばれた「作文教育」でした。なぜ「綴方＝作文」であったのかという理由のひとつとして、当時は国定教科書の時代だったのですが、唯一「綴方科」の時間だけは教科書がなく、教師たちの自由で自発的な教育実践に取り組みやすかったということが考えられます。そのような教育実践の代表的なものに、教師は子どもたちに、自由に思うままに文題を選んで「綴方＝作文」を書かせるという、大正初期の自由主義的綴方教育実践があったのでした。

　1916（大正5）年に、芦田恵之助は「随意選題綴方」を主張しますが、これは、当時の綴方では教師が一定の文題を与え、それについて子どもたちが一様に書くのが通例であったのに対し、子どもたちに自由に思うがままに文題を見つけて書かせるのがよいとしたものでした。

> 　真の文章生活とはこのようにして自己生活内に題材を求めて、自己に満足のできるように書く、それ以外の何物もありません。ゆえに随意選題とは、生活を文章化することなりとも言いうると思います。（芦田恵之助、1916年）

　当時の天皇制国家主義的教育体制の下では、教師が子どもたちに書かせる「綴方＝作文」の文題は、天皇への畏敬の念や感謝の気持ち、あるいは「一旦緩急あれば」お国（天皇）のために戦って死ぬ覚悟があるというようなことを書かせるようなものが多かったのに対して、芦田が子どもたちに書かせようとした「綴方＝作文」は、子どもたち自身の「生活」に目を向けさせ、その「生活」について書かせるようなものでした。これは当時、教育とは国家が決めたことを教師が子どもたちに教え込むものであるとされた時代において、画期的なことであったように思われます。

　また芦田は、綴方の指導というのは、たんに上手な作文（文章）を書かせるための指導ではなく、「綴方科は人生科である」とか「綴方は自己を綴る」ことだというように、自己の生活に目を向けさせていくことで、自己の人生についても目を向けさせ、どのように生きるべきかについて考えさせていくような「生き方」の指導でもあるというように、綴方教育を人間形成の一環として捉えていました。

3.「生活指導」概念の誕生——綴方指導から生活指導へ

　このような思想は、1918（大正7）年に児童文学雑誌『赤い鳥』を創刊した鈴木三重吉らに引き継がれます。鈴木は、『赤い鳥』誌上で取り上げてきた児童作品中56編を選んで、『綴方読本』という著作を発表し、教育としての綴方という考え方を全国に普及しましたが、その序文では次のように書いています。

> 　綴方は、多くの平浅な人たちが考へているように単なる文学上の表現を練習するための学識ではない。私は綴方を人そのものを作りととのへる『人間教育』の一分課として取り扱っているのである。（鈴木三重吉、1935年）

　このように鈴木は、芦田と同様に、綴方をたんに「文学上の表現を練習する」ための教育としてだけでなく、「人間教育」のひとつとして捉え、子どもたちに見たまま、聞いたまま、考えたままを素直に文章に書かせることを通して人間形成を行っていくことを主張したのでした。

　このような芦田や鈴木らの主張する「自由主義的綴方教育」の影響を受けた現場教師たちの中から、綴方の指導を通しての「生活指導」という考え方が形成されていくこととなります。たとえば田上新吉は、綴方の文章表現の指導のためには、同時に子どもたちの生活を指導することがあることを説いたのでした。

> 　生活は文を生む母胎である。指導者は第一義的に生活に着眼すべきであ

> る。文の形や表現技術を教師がいかにして力説しても何等の効果をもたらすものではない。新たなる生活があってこそ、そこに新たなる表現が生まれる。広き生活こそ題材を提供し、深き生活こそ作品に価値あらしめるものである。（田上新吉、1921年）

　ここで注目すべきなのは、「新たなる生活」があって「新たなる表現」が生まれ、「深き生活」こそが「作品に価値」をあらしめるという考え方です。すなわち、子どもたちの「今生きている生活＝広き生活」に目を向けさせて、それを素直に文章に書かせるだけでなく、「新たなる生活」や「深き生活」という、子どもたちにとってより価値や意味のある生活に目を向けさせ、そこに向かっての生活の指導が重要であることを説いていることです。

　同じ頃、綴方教育に取り組んでいた教師である峰地光重は以下のように述べています。

> 　文は立派な魂がなければ、立派なものが出来ないのだから、誰でもその日常生活の中に真の経験を積んで立派な魂をもつ人にならなければならない……そこで、その生活を指導して価値ある生活を体験するように導かねばならない。生活指導を抜きにして綴方はありえない。（峰地光重、1922年）

　宮坂哲文の指摘によれば、日本の教育界において「生活指導」という言葉が使われたのは、これが最初であるのではないかと言われていますが、綴方の指導というものが、その題材となる子どもたち自身の「生活」そのものを、より「価値のある生活」に向けて指導していくものであるという意味での「生活指導」概念が、ここにはっきりと示されていると言えるのではないでしょうか。

4. もうひとつの「生活指導」概念の源流——「自治訓練」と「生活訓練」

　日本における「生活指導」概念の源流のひとつが、大正期における教師たちの自由主義的教育実践のひとつである「綴方教育」であることを見てきましたが、戦後、「学級づくり」や「集団づくり」としての「生活指導」概念として

197

発展していくことになる、もうひとつの「生活指導」の源流が、「自治訓練」
や「生活訓練」と呼ばれるような教育実践です。

　大正期に、千葉師範学校付属小学校の教師であった手塚岸衛は「教授に訓練
に、自学と自治を」という「自治訓練論」の理念にもとづき、児童中心的な教
育実践に取り組んできました。彼は、「まずは訓練から」として、重点を子ど
もたちの自治的訓練に置いて、以下のように主張しました。

> 　従来のごとき教権中心な教師本位な干渉束縛に過ぎたる教育を排除し、
> 今すこし相対的な或程度の自由を与へ、児童を伸びのびさせて、彼等の生
> 活を生活せしむる児童本位にまで学校を改造したいものである。教師の学
> 校を児童の学校にまで開放せよ。（手塚岸衛、1922 年）

　そのうえで、学校教育は子どもに「学校生活そのものを自治せしめること」
を基底条件としてはじめて真に教育として成立すると考え、子どもたちに「自
治」の力をつけさせる「訓練」として「学級自治会」や「自治集会」の実践を
展開していきました。しかし、このような手塚の教育実践は、当時の天皇制国
家主義的教育体制下においては、抑圧的・画一的・注入的な教育を批判するも
のとしては画期的でしたが、結局は天皇制国家主義体制を否定・抵抗するよう
なものではなく、子どもたちを社会的実践主体に育てるというよりも、国家主
義的な権力に自発的に服従する公民を育てるという実践であったという限界も
ありました。

　そのような自治訓練論の限界をつきやぶり、さらにその内容を深めようとし
た教育実践として、当時私立池袋児童の村小学校の教師であった野村芳兵衛の
「生活訓練論」が挙げられます。野村の実践の舞台となった児童の村小学校と
は、規則はなく、登校時間も決まっておらず、決められた教室も担当教師もな
く、子どもたちは、気の向くままに教師や場所を選んで遊んだり学んだりする
という、子どもの自発性を尊重する徹底した「自由」な学校でした。野村は、
そのような児童中心主義的な理念には共感しつつも、それだけでは外側から拘
束しないというだけの「自由」を与えているにすぎず、外からの社会的な影響
に対して無力ではないかという限界を感じて、子どもたちに現実社会の中で生

きる力を積極的に育てる教育としての「訓練」に着目し「生活訓練」を導入することになります。

以後、「協働自治（協同自治）」による「生活訓練」が野村の教育実践の理論と実践の中心概念となっていきます。野村は、この「生活訓練」は、「それはどこまでも科学的認識による、社会人の協働自治を目的とし、協働自治を方法とする集団協働の自治訓練でなければならぬ」と捉え、その自治訓練の目標は、社会に支配される人間ではなく、社会を主体的につくりかえる主体（社会的実践主体）として育てることにあるとしました。さらに、自治訓練の内容は、この社会を生きていくために必要な「生活技術」を身に付けさせることであり、自治訓練の方法としては、話し合いや決議、決定、合意などの集団の意志の確立のための「協議」と、対立の克服と集団の利益を追求する「抗議」があるとしました。このような野村の「生活訓練論」は、後の「北方教育」の生活綴方運動に大きな影響を与えるとともに、戦後の「学級づくり」や「集団づくり」における「生活指導」概念のひとつの源流として位置づけられるものであると言えるでしょう。

5.「生活指導」概念の展開――北方教育と生活綴方教育実践

「生活指導」概念の二つの源流である大正時代の「自由主義的生活綴方」と「自治訓練・生活訓練論」は、相互に影響をし合いながら、昭和に入ると「生活綴方教育運動」として発展していきます。

この生活綴方教育運動の発展をリードしたのが、1929（昭和4）年に創刊された雑誌『綴方生活』に集った小砂丘忠義らでした。創刊号の巻頭言において「生活重視は実に吾等のスローガンである」と述べ、さらに翌年の「宣言」（1930年10月号）では、「社会の生きた問題、子供達の日々の生活事実、それをじっと観察して、生活に生きて働く原則を吾も摑み、子供達にも摑ませる。本当な自治生活の樹立、それこそ生活教育の理想であり又方法である。吾々同人は、綴方が生活教育の中心教科であることを信じ、共感の士と共に綴方教育を中心として、生活教育の原則と方法とを創造せんと意企する者である」と述べています。

　このように、綴方によって、たんに子どもたちに自分たちの生活の事実をありのままに書かせることだけでなく、子たちの目を「社会の生きた問題・生活事実」に見開かせることによって、「じっと観察して、生活に生きて働く原則」をつかませ、彼らに「自治生活」を樹立させる「生活教育」の創造こそが真の目的であるとされているのです。つまり「生活綴方＝手段」であって、「生活教育（生活指導）＝目的」であると定義したのでした。

　このような、生活をつくりかえる力を育てる生活指導を目的とし、その手段として生活を認識し表現する生活綴方を位置づける「生活綴方教育運動」は、1929（昭和4）年、成田忠久による北方教育社の結成と機関誌『北方教育』の創刊によって、ほぼ同時期に東北地方でも始まっていました。この北方教育社をはじめとする東北地方の綴方サークルが結集して、1935（昭和10）年、北日本国語教育連盟が結成され、機関誌『教育・北日本』が創刊されるなど、東北地方での生活綴方教育運動が盛り上がっていきますが、機関誌名が『北方教育』であったことから、これらの実践や運動は「北方教育」とか「北方性教育」と呼ばれています。

　このような「北方教育」の特質は、綴方教育に取り組みながら、子どもたちに現実の生活を認識させ、綴方における子どもたちの実生活のリアルな表現を通して、ものの見方、考え方、感じ方を指導しながら生活認識を形成し、厳しい北方的現実のなかでも生き抜いていく力、北方的現実を切り開いていく力を育てようとするものでした。

　このような生活認識と生き抜いていく力を育てるための土台となるものが、彼らが「生活台」と呼ぶものでした。昭和初期の東北・北日本の現実は、近代化が遅れ、封建的な生産様式と封建的な意識に支配された地域であり、冷酷な自然環境と闘わなければならない地域でした。また、当時の日本は大恐慌や不況が続き、加えて東北地方では冷害の影響などによる貧困、娘の身売り、一家離散などが余儀なくされるという厳しい現実がありました。そうした東北・北日本という地域の特殊性や過酷な生活現実を「生活台」という言葉で表現したのでした。

　そうした厳しい生活現実の前で教育ができることは何かという「問い」の中から、まずは教師自身がこの「生活台」に正しく姿勢すること、教師自身が

「生活台」に向かい合い、その中にある矛盾を認識し、教育上の課題を明らかにすることを自らに求めたのでした。その上で、子どもたちに「生活台」の事実に向き合わせて生活認識を形成させ、そこから自分たちの生活をなんとかしよう、自分たちの力でつくりかえようという「生活統制」を進めようとしたのが「北方教育」における「生活綴方運動」だったのでした。

　このような戦前の「生活綴方運動」の実践の中で、子どもたち自身の厳しい生活現実である「生活台」に向き合わせるという「生活の認識」から、子どもたちをこの生活現実をつくり変える「生活の変革」の主体である社会的実践主体に育てる「生活指導」こそが、教育の本来の目的であるとされていったのでした。

ブックガイド

宮坂哲文（1962）『生活指導の基礎理論』誠信書房
春田正治（1981）『生活指導とは何か』明治図書
白井慎（1987）『生活指導』学文社
山本敏郎他（2014）『新しい時代の生活指導』有斐閣

第19章
生活指導の展開
———仲間づくりから学級集団づくりへ

　戦前の生活綴方＝生活指導運動に関わった教師たちは、戦争中に治安維持法違反の名目で不当に逮捕・拘禁されるという厳しい弾圧を受けてきました。戦後、再び教職に戻った教師たちや、新たに教育現場に就いた教師たちの中から、戦前の生活綴方＝生活指導運動の伝統を受け継ぐ者が現れました。そのような流れの中から忽然と出現した生活綴方実践が、無着成恭の『山びこ学校』（1951）と小西健二郎の『学級革命』（1955）でした。このような生活綴り方実践から、仲間づくり・学級集団づくりへという生活指導実践への展開が始まったのでした。

キーワード

ガイダンス理論、生活綴方、山びこ学校、学級革命、仲間づくり、学級づくり、集団づくり

1. 戦後「公民科」構想における「生活指導」概念

　戦後になって、「生活指導」という言葉を、一番最初に使い始めたのは当時の文部省でした。

　1945（昭和20）年12月31日付で出されたGHQからの教育指令によって、学校現場における「修身、日本歴史及ビ地理」の教育が停止され、その事後措置として、文部省は1946（昭和21）年5月6日に「公民教育実施に関する件」という通達を出し、そこで「司令部の了解の下に授業再開まで当分之によって道徳教育を行う」として「公民教育」の実施が指示されました。その中で、「国

民学校初等科四年までは公民科の授業時間を特設せず、各科教授及び学校生活
仝体の中で公民的生活指導をはかること」とされていました。これが、戦後文
部省が「生活指導」という言葉を公用語として初めて使用したものだと言われ
ています。

　その年の9月に文部省が発行した『国民学校公民教師用書』では、公民科指
導は、(1) 実践指導と (2) 知的指導の二つに分けられ、さらにこの実践指導
は、1. 生活指導と2. 自治の修練の二つに区分されています。ここで言われて
いる「生活指導」は、「児童の生活にあらわれる行動そのものを指導して、好ま
しい形をつくり、同時にその行動を通して『ああすべきだ』、『こうすべきだ』
ということを学ばせることを中心」とすると説明されており、いわゆる「生徒
指導的な基本的生活習慣のしつけ（discipline）」を意味するようなものでした。

　一方、もうひとつの実践指導である「自治の修練」については、これも「生
活指導」の「一つの形ではあるが、とくに、とりあげてみることのできるも
の」として区別され、その内容として、「当番の自治、作業の自治、購買組
合、校友会、読書会、校外での青少年の団体生活」などが例示されています。
これは、後に戦後の日本の学校の教育課程において「教科外活動」とか「特別
活動」と呼ばれるような内容であり、教科活動とは異なったそのような教育活
動を、当時の文部省が、自治の修練（訓練）として、これを「生活指導」や
「公民科指導」の中に含めて考えていたことは注目に値します。しかしなが
ら、このような公民科構想は、1948（昭和23）年に、「社会科」が設置された
ことによって「幻」となり消滅してしまいますが、ここで示された戦前の「修
身」などの皇民化教育にかわるものとしての「公民科指導」や「生活指導」と
いう概念は、その後の日本の教育の中にさまざまなかたちで影響を与えていく
ことになるのでした。

2.　アメリカの「ガイダンス理論」からの「生活指導」

　戦後「公民科」構想の中の実践指導のひとつとして、「自治の修練」という
言葉が使われ、その内容として学校内における児童・生徒の自治活動が例示さ
れていることには、明らかに1946年3月に来日した第一次米国教育使節団の

『報告書』や、当時積極的に導入されたアメリカの教育理論、特にデューイ（J・Dewey）の「生活訓練」の考え方の影響がみられます。

　そのようなアメリカの教育理論のひとつである「ガイダンス理論」の導入も、わが国の「生活指導」概念に大きな影響を与えたと言われています。この「ガイダンス理論」の本格的輸入は、1949（昭和24）年の文部省の『児童の理解と指導』に始まり、その後「ガイダンス」を冠する著作が次々と出版され、ガイダンス・ブームとも言われました。この「ガイダンス」という言葉の訳語として「指導」とか「生活指導」「生徒指導」という言葉があてられたのでした。

　アメリカの「ガイダンス理論」は、もともとは「職業適性指導」として出発しましたが、やがて全ての教育にもちこまれ、性格指導、健康指導、学業指導、社会性指導、道徳指導および余暇利用指導と分野を広げていき、一人ひとりの子どもの人格指導の全般を含むことになりました。この「ガイダンス理論」は、基本的には個人の自主的自立的な努力の確立（自己決定・自己選択・自己実現）を目指すための指導・助言の理論であり、個別指導を主な方法としますが、そのために児童一人ひとりを理解するための情報（客観テスト、生活記録、健康記録等）の収集と蓄積を重視するという特色をもっています。

　このようなアメリカの「ガイダンス理論」が、当時、ほぼそのまま日本に移入されたことは、文部省の『児童の理解と指導』で、児童の個人差を重視すべきこと、広義の精神衛生がガイダンスとほぼ同義であること、児童の身体、知能、情緒性、社会性などを知り、学籍簿に記録することなどが書かれていることからも見て取れます。また、このような流れは、『中学校・高等学校の生徒指導』（文部省初等中等教育局、1950）においても、その大半を生徒に関する資料の収集と累加記録の様式にあてていることからも、その後の文部省の「生徒指導」の考え方に大きな影響を与えていると思われます。

　しかしながら、このような「ガイダンス理論」は、基本的に、個人一人ひとりを、現実の社会や生活に「適応」させることを目指しているという適応主義な性質をもっており、もし不適応を生じたとしても、あくまでも個人の問題として、個人の状態の把握と個人への働きかけを本質とする個人主義的な性質ももっています。これは、戦前の日本の教師たちが「生活訓練」や「生活綴方」

の教育実践の中で、子どもたちに現実の生活に向き合わせ、そこに働きかけてより良い生活へとつくり直させようとする「生活指導」という考え方とは、全く違ったものでした。

3. 戦後生活綴方の復興——『山びこ学校』の衝撃

　戦前の生活綴方運動に関わった教師たちは、太平洋戦争中、治安維持法違反の名目で不当に逮捕・拘禁されるという弾圧を受け、教職から離脱させられた教師も少なくありませんでした。戦後、再び教職に戻った教師たちや、新たに教育現場に就いた教師たちの中から、戦前の「生活綴方」の伝統を受け継ぐ者が現れ、1950年には「日本綴方の会」を結成し、生活綴方教育を再興していくこととなりました。そのような流れの中から忽然と出現した生活綴方実践が、東北（山形）の中学校教師であった無着成恭の『山びこ学校』（1951）でした。

　これは、教師無着成恭が在任していた山形県山元中学校の子どもたち43人の「綴方（作文）」の作品をまとめた文集「きかんしゃ」をもとに編集して出版したもので、当時の青銅社版で10万部以上も売れ、大ベストセラーにもなり、のちに映画化までされたものでした。

　この作品の出現が、全国的に注目を浴びることになったのは、そこに掲載されていた子どもたちの「綴方（作文）」の作品の文章表現の素晴らしさだけではなく、なによりも、子どもたちが自分たちの生活現実をありのままに捉え、それを素直に率直に自分の言葉で表現しているということの素晴らしさでした。

　このような子どもたちの作品が成立した背景には、教師無着成恭がただ子どもたちに自由に「綴方（作文）」を書かせたというだけではなく、まず自分たちが今生きている生活現実に目を向けさせ、東北の貧村での厳しい現実の中で生きていくことのつらさや苦しさを、率直に書かせたということでした。そして子どもたち自身に自分たちの貧困の状況や原因を考えさせ、そこから子どもたち自身に社会や経済の仕組みの問題を学級みんなで考えて、社会も学級ともに変革の対象として働きかけていくことの教育的意義と必然性を示しながら子どもたちを指導したからでした。

> 　目的のない綴方指導から、現実の生活について討議し、考え、行動まで
> の推し進めるための綴方指導へと移っていったのです。生活を勉強するた
> めの、ほんものの社会科をするための綴方を書くようになったのです。(無
> 着成恭、1951年)

　このように『山びこ学校』のあとがきにも書かれているように、無着成恭が
目指したのは、たんなる「綴方実践」ではなく、「生活を勉強するため」の
「ほんものの社会科をするための綴方」教育の実践でした。

　子どもの生活の基盤である家庭や地域にうずもれている社会的矛盾(課題)
を明らかにして、それを感性的認識から理性的認識にまで高め、その矛盾(課
題)の解決のために努力する子どもを育てようとした無着の実践は、まさしく
戦前の北方教育における「生活綴り方運動」の、子どもたちに「生活台」に向
き合わせ、生活の変革主体として育てるという「生活指導」の流れをくむもの
であったと言えるでしょう。

　この無着成恭の『山びこ学校』の実践は、ベストセラーとなったことで全国
的にも大きな注目を集めただけでなく、その後の戦後生活綴方教育運動の復興
のきっかけともなりました。ここで注目すべきなのは、無着の実践が、たんな
る「綴方(作文)」教育としてだけでなく、彼自身が「生活を認識させ、自分
たちはみんな仲間である、という方向に目を向けさせてやる義務」があると述
べているように、のちに「仲間づくり・学級づくり」と呼ばれるような生活綴
方を通して民主的な集団をつくろうとする実践でもあったことです。

4. 生活綴方教育実践の新たな展開──「生活綴方」から「仲間づくり」へ

　このような生活綴方教育実践の新たな展開は、当時、現場教師たちの自主的
で民主的な教育研究の集会であった日教組教育研究大会で報告された全国各地
の教師たちの教育実践からも見ることができます。

　1955年第四次日教組教育研究大会では、はじめて「生活指導」というタイ
トルの分科会が設けられるようになり、そこにはじつに多様で多岐にわたる
「生活指導」の教育実践が報告されたといわれますが、当時この分科会を担当

した春田正治は、そこに次のような大まかな共通点があったと指摘しています。

---

①いずれの実践も、ありのままの子どもたちの考え方や行動のうちに問題を見出し、このような行動の仕方が生まれる理由を歴史的社会的なゆがみの中に見出し、このゆがみを克服するすべを新しい人間と人間関係をつくりあげることに見出そうとつとめている。

②そうした実践の目標が、子どもたちのうちに民主的な人間関係を育てること、いいかえると「仲間意識」を育て、「仲間づくり」をすることにおかれていた。（春田正治、1978年）

　このような「仲間づくり」の教育実践の興隆の流れの中で注目されたのは、中学校教師である小西健二郎の『学級革命』（1955）の中で紹介された教育実践でした。当時、小西が担任をしていた学級に、成績優秀・スポーツ万能であり教頭の息子でもあった清一という生徒がいて、この子は一見学級のリーダー（集団の利益を代表し、その実現にむけて牽引する者）のように見られながらも、実際には自分の都合の良いように遊びのルールを変えたり、級友に命令したりする学級のボス（集団を自分の意のままに動かそうする者）として君臨していました。

　同じ学級にいる明るく活発、いたずらでお茶目なところもある勝郎は、一方でこのような清一の横暴にいつも痛い目にあわされていましたが、小西の綴方の指導によって、ある時、清一に対する批判の作文を書いてきました。小西はこれを学級のみんなの前で読ませようとしますが、結局勝郎は、清一の仕返しが怖くて読むことができなかったのでした。

　小西は「正しいことを正しいといい、悪いことを悪い」と言えるように、社会科の授業や生活綴方によって指導していきますが、子どもたちは、それを自分たち自身の問題として捉えて考えていくことができませんでした。そこで小西は、このような学級の状態に対して、「帰りの会」の時に、みんなで学級の諸問題について出し合い、話し合う時間を設けます。そんな中から、学級に何でも言える雰囲気ができ始め、そして遂に、清一に対して勝郎がその横暴な行

動を批判し、級友も勝郎に味方して、清一はみんなの前で謝罪することになるのでした。

　このような小西の実践は、それまでの「生活綴方実践」が、どちらかというと子どもたちが生きている生活現実として、戦前の生活綴方運動や戦後の『山びこ学校』のように、子どもたちの家庭生活や村（地域）の生活現実に目を向けさせてきたことに対して、子どもたち自身が毎日生活している学校生活や学級生活に目を向けさせ、自分たちの所属する学校・学級という「集団」の中での生活現実に目を向けさせて、そこにひそむ様々な矛盾や問題に取り組ませようとしたところが、ある意味「革命的」であったと言えるかもしれません。

　この小西の実践のような、学級の中での「話し合い」による学級の中で何でも言える雰囲気づくりと、子どもたち同士による「相互批判」によって集団的に学級内の問題を解決できるように指導するという「仲間づくり・学級づくり」の実践の取り組みは、日教組の教育研究大会でも数多く報告され、当時、『学級というなかま』（戸田唯巳、1956）や『村を育てる学力』（東井義雄、1957）、『人間づくりの学級記録』（宮崎典男、1982）などが出版されています。

5. 戦後日本型「生活指導」概念の成立
——「仲間づくり」から「学級づくり」へ

　無着成恭の『山びこ学校』の実践も、小西健二郎の『学級革命』の実践も、最初から「生活指導」の実践というよりは、むしろ「生活綴方」の実践として意識されていたものでした。しかし、両者の実践は、戦前からの「生活綴方運動」の歴史の流れの中から生まれてきたものであり、必然的にその実践は、子どもたちに「生活」に向き合わせ、子どもたちに「生活」を変革する力をつけさせていくという「生活指導」の実践となっていったのでした。

　日教組第四次教育研究全国集会（1955年）の「生活指導」分科会において、「なかまづくり・なかま意識」ということばが、生活綴方的生活指導の代名詞とされていきました。このような「生活綴方」実践から「仲間づくり」実践へという展開によって、当時の日教組の研究大会での報告や論議の中から、文部省の言う「生活指導」でもなく、ガイダンス理論からの「生活指導」でもない、戦後日本型ともいうべき「生活指導」の概念が形成されていくようになっ

ていきました。

　このような「仲間づくり」による実践の中から明らかになったこととして、宮坂哲文らは1957年に『日本の教育』の中で、二つの発展段階があるのではないかということを指摘しています。

---

①学級のなかに、なんでも言える情緒的許容の雰囲気をつくる

②生活を綴る営みを通して、一人ひとりの子どもの真実を発現させる

③一人の問題意識を皆の問題にすることによる仲間意識の確立

　そして、「この三つの段階はいうまでもなく①→②→③という発展段階として捉えられており、どの一つを欠いても集団化の過程は不完全なものにならざるを得ない」とされ、特に②の段階の「一人ひとりの子どもが自己の生活の事実をありのままにするすべを身に付ける」という生活綴方的指導が重要であるとされました。

　ここに定式化された「仲間づくり」の実践方式は、やがて「学級づくり」と呼びならわされ、戦後日本型の「生活指導」実践として、全国的に広まっていくことになっていきます。当時、このような「生活指導」概念成立の理論的中心であった宮坂哲文は、この「生活指導」を次のように定義しています。

　生活指導とは、教師が子どもたちと親密な人間関係を結び、ひとりひとりの子どもが現実に日々の生活のなかで営んでいるものの見方、考え方、感じ方、ならびにそれらにささえられた行動のしかたを理解し、そのような理解をその子どもたち自身、ならびにかれら相互間のものにすることによって、豊かな人間理解に基づく集団を築きあげ、その活動への積極的参加のなかで、ひとりひとりの生き方をより価値の高いものに引き上げていく教育的なはたらき、として規定しておこう。もっと簡単にいえば、ひとりひとりの子どもの現実に立って、かれらが人間らしい生き方を営むことができるように、援助してやることが生活指導だといってもよいだろう。

（宮坂哲文、1962年）

　このような「生活綴方」実践から「仲間づくり・学級づくり」実践へと展開していくなかで形成されていった日本型の「生活指導」概念は、戦前からの日本の教師たちの民間教育運動である「生活綴方運動」の流れを受け継ぐ戦後の教師たちの自主的・自発的な教育実践の中から生み出され、展開されたものであったと言うことができるでしょう。

6. 「集団づくり」から「学級集団づくり」へ

　無着成恭の『山びこ学校』の実践も、小西健二郎の『学級革命』の実践も、「生活綴方」実践から始まりながらも「仲間づくり・学級づくり」実践への展開を大きく進めていくものでしたが、これらの実践をさらに批判的・実践的に発展させていったのが大西忠治の「集団づくり」の実践でした。

　大西忠治は、『核のいる学級』などの実践記録によって、子どもたち一人ひとりにとって不都合な生活を押し付ける力に屈することなく、みんなでより良い生活を生み出していく力を育てることを目指す「集団づくり」を主張しました。「集団づくり」では、いかなる不当な力にも対抗できるよう、子どもたちに集団のちからの自覚を促し、そのちからを自覚的に行使することを課題としました。具体的には、マカレンコの「集団主義教育」の理論と実践から学んだ①班づくり、②核（リーダー）づくり、③追求深め（討議づくり）による学級づくりの方法によって、集団を子どもたち自身の手によって自治的で民主的な集団につくりかえていくという教育実践でした。

　このような「集団づくり」の理論と実践は、1959年に教師や研究者たちによって結成された民間の教育研究団体である「全国生活指導研究協議会（全生研）」によって発展させられていきました。この全生研が目指したものは、自治的で民主的な集団をつくることを通して、子どもたちに自治能力と民主的な人格を育てていくことでした。「自治的」とは、自分たちのことは自分たちで決めるという自主・自治管理を行うことであり、「民主的」とは、集団のメンバーの全員の意見が尊重され、みんなで話し合って合意することを目指すということです。

　全生研の「集団づくり」の理論と実践は、『学級集団づくり入門　第2版』

にまとめられ体系化されていきました。そこで目指される「学級集団づくり」では、「学級」という集団を、自治的で民主的な集団とするために、教師から子どもたちへの「行為・行動の指導」が重視されました。学級集団の中で、「班・核（リーダー）・討議づくり」について、子どもたちに具体的な行為・行動を指導していく中で、子どもたちに自治集団を運営する力である「民主的統治能力」を育てる教育実践として構想されていきました。

　ここでいう「民主的統治能力」とは、「仲間に働きかけたり組織したりする能力、集団の意志を形成し行動を統制する能力、集団の見通しを立てたり総括したりする能力、総じていえば集団を民主的に管理・運営し、集団のちからを内外に対して行使する能力である」とされています。

7. 戦後日本における「生活指導」概念と「生徒指導」概念の混同と混乱

　以上見てきたように、わが国では、戦後10年くらいの間に、文部省が公用語として示した「生活指導」、アメリカの「ガイダンス理論」の訳語として使われた「生活指導」、戦前の生活綴方運動の流れを受け継ぐ「仲間づくり・学級づくり」による「生活指導」など、様々な出自からの多様な「生活指導」という概念が、様々な立場において使われていたという歴史的経過をもっています。

　文部省も昭和30年代前半くらいまでは、「生活指導」という言葉を使った資料を発刊したり、公的場面でも使用していましたが、それらは基本的にはガイダンス的な理論や立場による影響が強くみられるものでした。一方で、生活綴方運動の流れを受け継いだ日本型「生活指導」概念は、その後、全国生活指導研究協議会（全生研）を中心とした「班・核（リーダー）・討議づくり」による「学級集団づくり」の教育実践への展開によって、理論化・体系化が進められ、集団主義的な「生活指導」概念が、教育運動の中心理念となっていきます。

　そのような「生活指導」概念の新たな展開に対して、文部省は昭和30年代後半からは公的場面で「生活指導」という言葉をしだいに使わなくなっていき、昭和40年には『生徒指導の手びき』を発刊し、以後「生徒指導」を公用

語として定着させていきました。そのようなことが、その後の学校現場におい
て、「生活指導」という概念と「生徒指導」という概念との間の混同や混乱を
生じさせていく要因となったものと思われます。

ブックガイド

無着成恭（1951）『山びこ学校』青銅社（岩波文庫、1995）
小西健二郎（1955）『学級革命　子どもに学ぶ教師の記録』牧書店
大西忠治（1962）『核のいる学級』明治図書
宮坂哲文（1962）『生活指導の基礎理論』誠信書房
日教組編（1968）『私たちの教育課程研究・生活指導』一ツ橋書房
全生研編（1971）『学級集団づくり入門　第2版』明治図書
春田正治（1978）『戦後生活指導運動私史』明治図書
春田正治（1981）『生活指導とは何か』明治図書
白井慎他（1987）『生活指導』学文社
山本敏郎他（2014）『新しい時代の生活指導』有斐閣

第20章
生活指導実践に取り組む

　「生活指導」とは、子どもたちの現実の生活に目を向け、そこから教師が子どもたちとともに現実の生活の変革の可能性を探りながら、変革の主体となる人格形成に寄与しようとする教育的な営みだったのでした。それは、教師が子どもたちの生活を一方的に指導・統制しようとするものではなく、子どもたちが意識的な生活主体として自分たちの生活に取り組み、それをより良いものに発展させていく過程に、教師と子どもたちが一緒に参加・関与していく教育実践として展開されていくものなのです。

生活指導、生徒指導、機能と領域、教科外活動（特別活動）

1.「生活指導」と「生徒指導」

　「生活指導」という概念は、国・文部省がつくって上から下におろしたような指導概念ではなく、戦前・戦後の日本の教師たちが、学校現場での主体的な教育実践の中から生み出し、育ててきた指導概念であり、ひとつの伝統ともいえる歴史的な形成過程を有しているものです。それは、国・文部省が目を向けず切り捨ててきた日本の子どもたちの現実の生活に目を向け、そこから教師が子どもたちとともに現実の生活の変革の可能性を探りながら、変革の主体となる人格形成に寄与しようとする教育的な営みだったのでした。

　戦後、一時期文部省も「生活指導」の概念を使ったこともありましたが、ある時期からはっきりと意図的に「生活指導」概念ではなく、「生徒指導」概念

を使うようになっていきました。1949（昭和24）年、文部省初中等教育局が編集した『中学校・高等学校の生徒指導』が、中学校高等学校の生徒指導の手引きのようなものとして発刊されましたが、同時に文部省でも学校現場でも「生活指導」という言葉はよく使われていました。

　はっきりと文部省が、「生活指導」という言葉を使わなくなり、「生徒指導」という言葉を使うようになったのは、1958（昭和33）年の学習指導要領が改訂され、「道徳」が新たに教育課程に位置づけられてからだと言われています。

　1965（昭和40）年、文部省は『生徒指導の手びき』を作成、全国の中学校・高校に15万部を配布し、それまで明確な概念規定や基準がなかった「生徒指導」について、その意義や原理、指導内容にわたるまで詳細にまとめました。そこでは、以下のような記述がありました。

> 　周知のように、「生徒指導」に類似している用語に「生活指導」という言葉があり、この二つは、その内容として考えられているものがかなり近い場合があるが、「生活指導」という用語は現在かなり多義的に使われているので、本書では「生徒指導」とした。（『生徒指導の手びき』文部省、1965年）

　ここでは「生活指導」という概念の「多義性（いろんな考え方で使われている）」が、「生徒指導」という言葉を使う理由として挙げられていますが、当時の文部省はこの『生徒指導の手びき』を刊行することによって、「生活指導」という概念と「生徒指導」という概念の区別化をはかろうとしたものと思われます。

2.「生活指導」は「機能」なのか、「領域」なのか

　「生活指導」という概念について、それは「機能」であるのか「領域」であるのかという「生活指導論争」（1957~59）が、教育学者の宮坂哲文と小川太郎との間でかわされました。

　宮坂哲文は、戦前の日本の民間教育運動の中で形成されてきた「生活指導」概念を、「子どもたち一人一人の生きた現実に即して、かれらが人間らしい生

き方をいとなむことができるように援助すること」と規定したうえで、「生き方の指導」としての「生活指導」を、「一定の具体的な方法、手立てを含んだ機能概念」であるとしました。それはもうひとつの「学習指導」とともに、「教科と教科外とを問わず、いずれの領域においても、およそ教師と子どもが接触するかぎりのすべて場において行われうる教育上のいとなみ」であるとして、「生活指導」は「学習指導」とともに、学校教育の全面にはたらくべき基本的な「機能」であるとしました。

　これに対して、同じく教育学者の小川太郎は、「生活指導」はもともと「教科指導」に対して言われている言葉であり、「教科外という領域での指導概念」であり、時間的・場所的な領域をもっている「領域概念」であるとしました。そして教科指導の目的は、人類の遺産を系統的に伝えることであり、これに対して「生活指導」の目的は、学校・学級の行事、クラブ、児童会、生徒会活動などの教科外活動を通して人格を教育することと区別しました

　この「論争」によって、教育には二つの教育領域と教育機能があり、それぞれの固有性と目的があることが明確にされていきました。そして、その後、「生活指導」は、主に教科外活動の領域（territory）において、特別教育活動（学級活動、生徒会活動、学校行事など）に取り組ませることによって、子ども（生徒）たちの人格形成、人間性の発達を目指す教育的指導として捉えられるようになっていきました。

```
学校の教育課程──┬──教科活動（学習指導）＝陶冶（学力の形成を目指す）
                 │
                 └──教科外活動（生活指導）＝訓育（人格の形成を目指す）
```

　学校の「教育課程」には、「教科活動」の領域と「教科外活動」の領域という二つの領域があり、それらは車の両輪のようなものであるとされています。「教科活動」の領域において行われるのは、それぞれの教科の授業であり、そこでの学習指導を通して知識や技能を身に付けることによって学力の形成を目指すこと（陶冶 Bildung）です。

　それに対して「教科外活動（特別活動）」の領域において行われるのは、学

級活動や行事、生徒会活動などであり、そこでの生活指導を通して生活態度や行動様式、自主的・自治的な態度や能力を身に付けることによって人格の形成を目指すこと（訓育 Erziehung）です。

　1968年に刊行された『私たちの教育課程研究・生活指導』（日教組編、一ツ橋書房刊）では、「現代における生活指導とは直接に民主的な人格の形成を目指す訓育である」として、生活指導における「教科外活動を主たる領域とする民主的訓育論」の確立が求められているとしています。

　ここでは、「生活指導」とは教科外活動（特別活動）を主たる領域として民主的な「訓育」を行うものとされています。「訓育」とは意志的行動を媒介として、教師からの行為・行動の指導によって、子どもたちの行動・態度・習慣・性格・人格などを形成するものです。

　学校における教科外活動（特別活動）としては学級活動・生徒会活動、学校行事などがありますが、そこでの集団活動に取り組ませ、自治集団・民主的集団をつくることによって、子どもたちに自治的・民主的な力を身に付けさせるものが「生活指導」とされています。

3.「生活指導」としての「教科外活動（特別活動）」の指導

　このように、「生活指導」としての「教科外活動（特別活動）」の指導とは、学級活動や生徒会活動・学校行事などの活動を通して市民（公民）としての必要な資質を身に付けるためものなのです。学校における集団的な諸活動（学級活動・生徒会活動・行事等）を通して、人間関係形成や社会参画、自己実現のための資質・能力を育成すること、まさに人格や人間性を「育む」ための指導、それが「生活指導＝訓育」ということになるのです。

　それでは、「生活指導」としての「教科外活動（特別活動）」を、教師は、どのように指導していけばよいのでしょうか。

　「生活指導」としての「教科外活動（特別活動）」の指導というのは、なにかマニュアルのようなものがあって、その通りに指導していけばいいというものではありません。「教科外活動（特別活動）」というのは、基本的に子どもたちの「自主活動・自治活動」なのですから、子どもたち自身がその活動の主体

（主人公）として取り組み、自分たち自身でつくりあげていくように指導していくものであるということです。

　ですから教師が一方的に、その指導内容や指導方法を決めて、その通りにやらせるというものではないのです。その活動が、児童・生徒たちのねがいや要求を生かすことができるような自主的・自発的な活動であり、しかもそれが自分たちで組織・運営ができる自治的な活動として取り組まれていなければならないのです。

　「生活指導」というのは児童・生徒たちの「自主活動・自治活動」の指導であり、「児童・生徒たちが集団の主人公となる活動」の指導でなければならないのです。そのような「学級活動」や「生徒会活動」のなかで、話し合いをしたり、討議したり、共に行動したり、協力しあったり、実践することで、児童・生徒たち自身が「自主活動・自治活動」に取り組んでいくことを通して、彼らに「自治能力」を身に付けさせ、「民主的な人格の形成」を目指すものが「生活指導」なのです。

　ここでいう「自治能力」とは、①みんなで話し合える力、②みんなで決めることができる力、③みんなで決めたことを協力して実行・実現できる力なのです。

　では、どうすれば児童・生徒たちが「自治能力」を身に付ける「自主活動・自治活動」に取り組ませることができるのでしょうか。教師が「生活指導」をする場合、やってはいけない二つの指導があります。それは「放任主義的な指導」と「管理主義的な指導」です。

　「放任主義的な指導」というのは、児童・生徒たちに、「学級活動」や「行事」「生徒会活動」をまかせきりにする、やらせっぱなしにするという指導です。児童・生徒の「自主活動・自治活動」なのだから教師は何も指導しなくてもいいという訳ではありません。そのような指導では、本当の意味での自主的・自治的な活動にはならないですし、「自治能力」は身に付いていきません。

　一方で「管理主義的な指導」というのは、児童・生徒たちに「学級活動」や「行事」「生徒会活動」をまかせずに、すべて教師が決めて、細かく指示していくという指導です。これでは、児童・生徒たちの自主的・自治的な活動にはならないですし、「自治能力」は身に付きません。

「特別活動」の指導というのは、このような「放任主義」でも「管理主義」でもない教師の指導が求められているのです。児童・生徒たち自身が、「教科外活動（特別活動）」に主体的（自主的・自治的）に取り組むことによって、彼らが自治能力を身に付けていき、充実した学校生活をつくりあげていくことを目指していくのが「生活指導」としての「教科外活動（特別活動）」の指導であるといえるのです。

4.「生活指導」の実践に取り組むために

　戦後の生活指導運動をリードしてきた一人である宮坂哲文は「生活指導」について、以下のように定義しています。

> 　教師が子どもたちと親密な人間関係を結び、ひとりひとりの子どもたちが現にいとなんでいるものの見方、考え方、感じ方ならびにそれに支えられた行動のしかたを理解し、そのような理解を、その子どもたち自身ならびにかれら相互間のものにも押し広げることによって、豊かな人間理解に基づく集団をきずきあげ、その活動への積極的参加のなかで、ひとりひとりの生き方をより価値の高いものに引き上げていく教育的なはたらき、として規定しておこう。もっと簡単にいえば、ひとりひとりの子どもの現実に立って、かれらが人間らしい生き方をいとなむことができるように援助してやることが生活指導だといってもよいだろう。（宮坂哲文、1975年）

　また同じく戦後の生活指導運動の理論的な中心人物であった竹内常一は、「生活指導とは、子ども（たち）が意識的な生活主体として自分（たち）の生活に取り組み、それをよりよいものに発展させていく過程に参加・関与していくことであって、子どもを教育の客体とみなして、子どもの生き方を統制するものではない」としています。

　二人の「生活指導」の考え方に共通しているのは、「子どもたちの生き方をよりよいものにしていくこと」そして、そのためには「子どもたちひとりひとりを生活の主体として捉えること」です。これは戦前・戦後を通して「生活指

導」の実践に取り組んできた教師たちが、そのかたちは様々であっても、共通して考えてきたことだと思います。このような「生活指導」の実践と考え方（思想）から、私たちが学ぶべきことは多いのではないでしょうか。

「生活指導」の実践において、教師が子どもたちの「生活」を指導するためには、以下のような原理・原則が必要です

①子どもたちの「生活」を通して、子どもたちを、まるごと受けとめて、捉えていくこと
②子どもたちの「生活」の現実に目を向ける（向けさせる）こと
③子どもたちの「生活」の現実をしっかりと捉える（捉えさせる）こと
④子どもたちの「生活」の現実を通して教える（学ばせる）こと
⑤子どもたちの「生活」を生きていく（つくり変える）力を身に付けさせること

このような原理・原則に基づいて、子どもたちの生き方をよりよいものに発展させていく過程に、教師と子どもたちが一緒になって参加・関与していくことを、「生活指導」の実践と呼ぶのではないでしょうか。

生活指導とは、ひとりの人間的に生きてありたいという存在理由に応答して、その人が必要とし要求している生活と生き方・在り方を共同してつくっていく営みであり、他者とともに世界のなかにあり、他者と応答し合いつつ世界をつくりだしていくことである。（竹内常一，2016年）

ブックガイド

白井慎他編著（1991）『特別活動』学文社
折出健二他編著（1994）『教科外活動を創る』労働旬報社
赤坂雅裕・佐藤光友編著（2018）『やさしく学ぶ特別活動』ミネルヴァ書房
全生研常任委員会編著（2015）『生活指導とは何か』高文研
竹内常一（2016）『新・生活指導の理論　ケアと自治：学びと参加』高文研

終　章
子どもの権利条約時代の「生徒指導」とは

1．子どもの権利条約は、なぜ学校の中に入っていけないのか？

　子どもの権利条約は国際条約であるので、それを締約した国に対しては法的拘束力をもっています。本来なら、条約を批准した日本は、国内の学校の教育活動や教育内容において、子どもの権利条約をしっかりと位置づけて、その理念と内容の実現をはからなければなりません。批准してから30年ちかくも経っていますが、いまだその理念と内容が日本の学校の中に入って実現されているようには思えません。なぜ、子どもの権利条約は日本の学校の中に入っていけないのでしょうか。子どもの権利条約が学校に入らない「壁」となっているのは何なのでしょうか。

　子どもの権利条約の批准当時、日本の政府と文部省は、「条約が批准されても、現在の学校教育の基本的な在り方を変革する必要はない」という態度をとっていました。子どもの意見表明権についても、「校則やカリキュラムについて児童の意向を優先することまで求めるものではなく、それらは学校の判断と責任において決定されるものである」として、必ずしも子どもの意見を聴く必要はないという態度でした。特に「校則」については、「学校においては、教育目的を達成するために必要で合理的な範囲であれば、校則等によりそれらの権利に制約を加えて指導を行い得るものと解されている。このような基本的な考え方は、条約が批准されても変更されるものではない」として、かたくなな姿勢を見せていました。

　また批准当時の学校の教師たちの意識（権利観）についても、「児童生徒に権利を認めると学校が大変なことになる（教師の指導が出来なくなる。児童生徒

が教師の言うことをきかなくなる）」という声が多く聞かれました。その上に政府や文部省の「なんら変革・変更する必要はない」というお墨付きを与えられたために、条約批准後も何年経っても学校の現状や「生徒指導」の実態は変わっていかなかったのでした。

しかし、2022年、ようやく文科省は『生徒指導提要（改訂版）』に、子どもの権利条約についての内容（の一部）を記載したのでした。全体が200p以上の『提要』の、わずか1p半足らずですが、これを「蟻の一穴」として、いっきに壁を壊して、日本の学校の中に子どもの権利条約を入れていきたいものです。

しかし、一番難しいのは日本の学校の教師たちの意識（権利観）を変えることではないでしょうか。いまの日本の学校の教師自身が、子どもの権利条約が不在であった日本の学校の中で育ち、子どもの権利条約についてよく知らない・理解していない教師たちに教えられているのです。

文科省は、『生徒指導提要（改訂版）』に子どもの権利条約の内容（の一部）を記載するだけでなく、日本の学校の教師たちに、子どもの権利条約の理念と内容を知らせ、しっかりと理解してもらえるようにするべきではないでしょうか。また、教員免許状を取得できるすべての大学の教職課程でも、日本国憲法と同じように、子どもの権利条約についての講義科目を「必修」にすべきではないでしょうか。

2．子どもの権利条約時代における教師の「指導」とは

子どもの権利条約時代である21世紀において、学校の教師の「指導」はどうあるべきなのでしょうか。

子どもの権利条約の第5条「親の指導の尊重」において、「締約国は、児童がこの条約において認められる権利を行使するにあたり、父母もしくは子どもに法的責任を有する者が、その児童の発達しつつある能力に適合する方法で、適当な指示（direction）および指導（guidance）を与える責任、権利及び義務を尊重する」として、大人（父母・教師など）の「指示（direction）と指導（guidance）」の責任と権利と義務の重要性について明記しています。

ここで言われているのは、どのような「指示（direction）と指導

（guidance）」なのでしょうか。

　一般的には、「指示（direction）」とは「指さして示すこと」であり、好ましくない方向に行かないように、適切に方向付けることとされています。また、「指導（guidance）」とは「指さして導くこと」であり、適切な場所に案内することとされています。

　Ｊ・デューイの著作『民主主義と教育』第３章「指導としての教育」において、「補導（guidance）」と「指導（direction）」と「統制（control）」についての記述があります。そこで「補導（guidance）」とは「補導される人間の生まれつきの能力を、共同作業を通して助けるもの」とされ、「統制（control）」とは「外部から子どもを支えるために加えられる力、そのために統制させるものからいくらかの抵抗に会う」とされています。そのうえで、「指導（direction）」とは「より中間的な用語であって、指導されるものの活動の傾向が、あてどなく分岐することなく、一定の連続的進路に導きこまれるということを暗示する」「一方の極では指導的援助になり、他の極では規制または支配になる傾向がある」とされています。

　子どもの権利条約では、大人（父母や教師など）の「指示（direction）と指導（guidance）」について、子どもの発達を抑圧する可能性がある管理・統制という意味をもつ「control」をとらずに、「direction」と「guidance」に限定していることに注目すべきではないでしょうか。

　つまり、ここで言われている「指示（direction）と指導（guidance）」とは、あくまでも「指さして示す・指さして導く」ということであり、子どものへの命令・強制をともなう「統制」や「管理」ではないということです。

　城丸章夫は「指導」と「管理」との違いについて、「指導」とは相手をその気にさせること、これを方向づけることであり、「管理」とは組織・集団としての実務の執行と統制力を行使することであり、命令と取り締まりをともなうものであるとしています。

　さらに、「指導」とは、指導する者と指導される者の間に信頼関係が存在しなければならず、あくまでも自主的・自発的に行動へと誘うこと・導くものであり、指導される側の同意・合意・納得・承認が必要であり、一方的な命令や強制ではなく、拒否の自由、従わない自由および主体的選択・判断の自由を認

めるものだとしています。

　これに対して「管理」とは、集団の成員の行動を律するものであり、そこには何らかの拘束力や強制力が発動され、それによって集団としての統制が行われるものであるとしています。

　その上で城丸は、「わが国の学校教育は、明治以来、指導と管理の区別がなく、管理することが指導の主要な方法だと考えられていた。こんにちもなお、この管理化された指導とでもいうべき伝統が生き続けている」として、このような「管理・統制・支配」と「指導・指示・助言」との混同・混乱を整理し、しっかりと区別することが必要だとしています。

　第5章でも述べたように、子どもの権利条約時代における大人（教師）の「指示と指導」とは、①子どもの最善の利益をめざすべきものとしての「指示と指導」であり、②子どもが権利を行使するにあたっての「指示と指導」であり、③子どもの発達しつつある能力に適合する方法での「指示と指導」であり、④子どもが権利行使の主体としての能力を身に付けるような「指示と指導」でなければなりません。

　子どもの権利条約時代における教師の「指示（direction）と指導（guidance）」が、子どもたちに対して「適切な方向付け」をして案内すべき「適切な場所」とは、子どもの権利条約において認められている権利が保障されることであり、子どもたちがそれを行使できるような「権利行使の主体」にしていくということではないでしょうか。

3．子どもの権利条約時代の「生徒指導」は、どうあるべきか

　子どもの権利条約時代における、学校の「生徒指導」は、どうあるべきなのでしょうか。

　子どもの権利条約の第28条「教育への権利」では、「締約国は、school disciplineが児童の人間の尊厳に適合する方法で、及びこの条約に従って運用されることを確保するためにすべての適当な措置をとる」というように明記されています。

　この school discipline は、「学校の規律」とか「学校懲戒」というように訳

されていますが、これはまさに日本の学校で実際に行われている「規律指導」や「学校懲戒」を含む「生徒指導」そのものであるように思われます。

　この子どもの権利条約の第28条に従うのであれば、日本の学校において教師が行っている「生徒指導」は、「子どもの人間の尊厳に適合する方法」で、そして子どもの権利条約で保障されている「子どもの権利」に従って運用されなければなりません。その際に考えなければならないのは、学校の教師が「生徒指導」で「やってはいけない指導」と「やらなければならない指導」があるということです。

　子どもの権利条約時代において、学校の教師が「生徒指導」で「やってはいけない指導」とは、どのようなものでしょうか。まずそれは、教師による体罰や暴言、不適切な指導などによる「児童生徒への人権侵害」です。さらに、理不尽で不合理なきまり（校則）による過剰な服装・頭髪や行動への規制や、過剰な教師の懲戒権の行使（特に事実行為としての懲戒）も、「児童生徒の人権侵害」になります。

　一方、子どもの権利条約時代において、学校の教師が「生徒指導」で「やらなければならない指導」とはどのようなものでしょうか。まず第一に「子どもの最善の利益」を考えて、子どもにとって最も良い指導である「子どもの生命・生存・発達を保障」していくということです。

　いま現在、いじめ・暴力・虐待・不登校・貧困などで困難な状態にある子どもたちを守り、保護して、子どもたち全てが安心して学校生活を送り、成長・発達できるような指導が求められます。

　さらに、子どもたちを学校の中でも「権利行使の主体」として認めるとともに、子どもたちを「権利行使の主体」として育ていくような指導が求められます。

　特に、子どもたちの意見表明権を保障するために、子どもに関わる全ての問題について、子どもたちの意見を聴くことが重要です。それも、ただ聴くだけでなく、子どもたちの意見を学校の教育活動にしっかりと反映させること、そのための意見聴聞の機会をしっかりと保障することです。たとえば「校則の見直し」についても、ただ子どもたちの意見を聴くだけでなく、子どもたちを校則改革の主体として位置づけ、子どもたち自身の手によって校則を変えること

ができる手続きを決めていくことが必要です。

　さらに、子どもたちが「権利行使の主体」になっていくためには、子どもを学校内外の様々な活動に主体的に参加させることが重要です。学校の校則や行事についてだけでなく、教育課程・教育内容・教育活動についても意見を述べて、主体的に変えていけるようなシステムをつくることが求められます。

　竹内常一は、「子どもの学校生活に生じるすべての諸問題の自治的解決に参加する権利だけでなく、授業を含む学校教育のすべての問題の自治的解決に参加する権利」を子どもに認めるべきであるとして、生徒・父母・住民・教職員・校長からなる「学校評議会」による教育自治・学校自治を構想し、主張しています。

4．リアル生徒指導・ブラック生徒指導から子どもの権利条約時代の「生徒指導」へ

　序章でも述べたように、ほとんどの大学生たちにとって「生徒指導」とは「校則・規則を守らされる指導」であり「非行・問題行動への指導」であり、それは「厳しい・こわい・うるさい・めんどくさい指導」として「できれば受けたくない指導」として受け止められているものでした。このような日本の学校で実際に教師たちによって行われている「リアル生徒指導」は、時に体罰や暴言、不適切な指導にまで「行き過ぎる」ことによって心や身体を傷つけたり、理不尽で不合理な校則によって頭髪・服装や行動への細かな規制をかけられたりなど、子ども（児童生徒）たちへの人権侵害をもたらす「ブラック生徒指導」となることがあります。

　文部科学省の『生徒指導提要（2010年）』では、「生徒指導とは、一人一人の児童生徒の人格を尊重し、個性の伸長を図りながら、社会的資質や行動力を高めることを目指して行われる教育活動のことです。すなわち、生徒指導は、すべての児童生徒のそれぞれの人格のよりよき発達を目指すとともに、学校生活がすべての児童生徒にとって有意義で興味深く、充実したものになることを目指しています」と定義されていました。

　この定義は、2022年の『生徒指導提要（改訂版）』では、「生徒指導とは、社会の中で自分らしく生きることができる存在へと児童生徒が、自発的・主体的

に成長や発達する過程を支える教育活動のことである。なお、生徒指導上の課題に対応するために、必要に応じて指導や援助を行なう」というように変わりました。このような変化の背景には、今回の『提要』の改訂で、子どもの権利条約が明記され、その理念や内容を意識したからではないかと言われています。

　本当の意味で、日本の学校の「生徒指導」を、子どもの権利条約の理念と内容にそったものに変えていこうとするのであれば、『提要』での定義や内容を変えるだけではなく、実際に学校で行われている「生徒指導（リアル生徒指導・ブラック生徒指導）」そのものを変えていかなければなりません。

　そのためには、ここで定義されているような「生徒指導」を、日本国憲法と子どもの権利条約の理念と内容と重ね合わせて理解してゆき、それを具体的に実践していくことが必要だと思います。そのようにして日本の学校における「生徒指導」が、子ども（児童生徒）たちにとっては「受けたい指導」に、教師たちにとっては「やりたい指導」になっていくこと、それこそが子どもの権利条約時代の「生徒指導」になっていく道筋ではないでしょうか。

資料

日本国憲法（抄）

子どもの権利条約（抄）

日本国憲法（抄）

昭和21年11月3日公布
昭和22年5月3日施行

日本国民は、正当に選挙された国会における代表者を通じて行動し、われらとわれらの子孫のために、諸国民との協和による成果と、わが国全土にわたつて自由のもたらす恵沢を確保し、政府の行為によつて再び戦争の惨禍が起ることのないやうにすることを決意し、ここに主権が国民に存することを宣言し、この憲法を確定する。そもそも国政は、国民の厳粛な信託によるものであつて、その権威は国民に由来し、その権力は国民の代表者がこれを行使し、その福利は国民がこれを享受する。これは人類普遍の原理であり、この憲法は、かかる原理に基くものである。われらは、これに反する一切の憲法、法令及び詔勅を排除する。

日本国民は、恒久の平和を念願し、人間相互の関係を支配する崇高な理想を深く自覚するのであつて、平和を愛する諸国民の公正と信義に信頼して、われらの安全と生存を保持しようと決意した。われらは、平和を維持し、専制と隷従、圧迫と偏狭を地上から永遠に除去しようと努めてゐる国際社会において、名誉ある地位を占めたいと思ふ。われらは、全世界の国民が、ひとしく恐怖と欠乏から免かれ、平和のうちに生存する権利を有することを確認する。

われらは、いづれの国家も、自国のことのみに専念して他国を無視してはならないのであつて、政治道徳の法則は、普遍的なものであり、この法則に従ふことは、自国の主権を維持し、他国と対等関係に立たうとする各国の責務であると信ずる。

日本国民は、国家の名誉にかけ、全力をあげてこの崇高な理想と目的を達成することを誓ふ。

第十一条 国民は、すべての基本的人権の享有を妨げられない。この憲法が国民に保障する基本的人権は、侵すことのできない永久の権利として、現在及び将来の国民に与へられる。

第十二条 この憲法が国民に保障する自由及び権利は、国民の不断の努力によつて、これを保持しなければならない。又、国民は、これを濫用してはならないのであつて、常に公共の福祉のためにこれを利用する責任を負ふ。

第十三条 すべて国民は、個人として尊重される。生命、自由及び幸福追求に対する国民の権利については、公共の福祉に反しない限り、立法その他の国政の上で、最大の尊重を必要とする。

第十四条 すべて国民は、法の下に平等であつて、人種、信条、性別、社会的身分又は門地により、政治的、経済的又は社会的関係において、差別されない。

② 華族その他の貴族の制度は、これを認めない。

③ 栄誉、勲章その他の栄典の授与は、いかなる特権も伴はない。栄典の授与は、現にこれを有し、又は将来これを受ける者の一代に限り、その効力を有する。

第十五条 公務員を選定し、及びこれを罷免することは、国民固有の権利である。

② すべて公務員は、全体の奉仕者であつて、一部の奉仕者ではない。

③ 公務員の選挙については、成年者による普通選挙を保障する。

④ すべて選挙における投票の秘密は、これを侵してはならない。選挙人は、その選択に関し公的にも私的にも責任を問は

れない。

第十六条　何人も、損害の救済、公務員の罷免、法律、命令又は規則の制定、廃止又は改正その他の事項に関し、平穏に請願する権利を有し、何人も、かかる請願をしたためにいかなる差別待遇も受けない。

第十七条　何人も、公務員の不法行為により、損害を受けたときは、法律の定めるところにより、国又は公共団体に、その賠償を求めることができる。

第十八条　何人も、いかなる奴隷的拘束も受けない。又、犯罪に因る処罰の場合を除いては、その意に反する苦役に服させられない。

第十九条　思想及び良心の自由は、これを侵してはならない。

第二十条　信教の自由は、何人に対してもこれを保障する。いかなる宗教団体も、国から特権を受け、又は政治上の権力を行使してはならない。

②　何人も、宗教上の行為、祝典、儀式又は行事に参加することを強制されない。

③　国及びその機関は、宗教教育その他いかなる宗教的活動もしてはならない。

第二十一条　集会、結社及び言論、出版その他一切の表現の自由は、これを保障する。

②　検閲は、これをしてはならない。通信の秘密は、これを侵してはならない。

第二十二条　何人も、公共の福祉に反しない限り、居住、移転及び職業選択の自由を有する。

②　何人も、外国に移住し、又は国籍を離脱する自由を侵されない。

第二十三条　学問の自由は、これを保障する。

第二十四条　婚姻は、両性の合意のみに基いて成立し、夫婦が同等の権利を有することを基本として、相互の協力により、維持されなければならない。

②　配偶者の選択、財産権、相続、住居の選定、離婚並びに婚姻及び家族に関するその他の事項に関しては、法律は、個人の尊厳と両性の本質的平等に立脚して、制定されなければならない。

第二十五条　すべて国民は、健康で文化的な最低限度の生活を営む権利を有する。

②　国は、すべての生活部面について、社会福祉、社会保障及び公衆衛生の向上及び増進に努めなければならない。

第二十六条　すべて国民は、法律の定めるところにより、その能力に応じて、ひとしく教育を受ける権利を有する。

②　すべて国民は、法律の定めるところにより、その保護する子女に普通教育を受けさせる義務を負ふ。義務教育は、これを無償とする。

第二十七条　すべて国民は、勤労の権利を有し、義務を負ふ。

②　賃金、就業時間、休息その他の勤労条件に関する基準は、法律でこれを定める。

③　児童は、これを酷使してはならない。

第九十九条　天皇又は摂政及び国務大臣、国会議員、裁判官その他の公務員は、この憲法を尊重し擁護する義務を負ふ。

子どもの権利条約（抄）

第1条

この条約の適用上、児童とは、18歳未満のすべての者をいう。ただし、当該児童で、その者に適用される法律によりより早く成年に達したものを除く。

第2条

1. 締約国は、その管轄の下にある児童に対し、児童又はその父母若しくは法定保護者の人種、皮膚の色、性、言語、宗教、政治的意見その他の意見、国民的、種族的若しくは社会的出身、財産、心身障害、出生又は他の地位にかかわらず、いかなる差別もなしにこの条約に定める権利を尊重し、及び確保する。

2. 締約国は、児童がその父母、法定保護者又は家族の構成員の地位、活動、表明した意見又は信念によるあらゆる形態の差別又は処罰から保護されることを確保するためのすべての適当な措置をとる。

第3条

1. 児童に関するすべての措置をとるに当たっては、公的若しくは私的な社会福祉施設、裁判所、行政当局又は立法機関のいずれによって行われるものであっても、児童の最善の利益が主として考慮されるものとする。

2. 締約国は、児童の父母、法定保護者又は児童について法的に責任を有する他の者の権利及び義務を考慮に入れて、児童の福祉に必要な保護及び養護を確保することを約束し、このため、すべての適当な立法上及び行政上の措置をとる。

3. 締約国は、児童の養護又は保護のための施設、役務の提供及び設備が、特に安全及び健康の分野に関し並びにこれらの職員の数及び適格性並びに適正な監督に関し権限のある当局の設定した基準に適合することを確保する。

第6条

1. 締約国は、すべての児童が生命に対する固有の権利を有することを認める。

2. 締約国は、児童の生存及び発達を可能な最大限の範囲において確保する。

第12条

1. 締約国は、自己の意見を形成する能力のある児童がその児童に影響を及ぼすすべての事項について自由に自己の意見を表明する権利を確保する。この場合において、児童の意見は、その児童の年齢及び成熟度に従って相応に考慮されるものとする。

2. このため、児童は、特に、自己に影響を及ぼすあらゆる司法上及び行政上の手続において、国内法の手続規則に合致する方法により直接に又は代理人若しくは適当な団体を通じて聴取される機会を与えられる。

第13条

1. 児童は、表現の自由についての権利を有する。この権利には、口頭、手書き若しくは印刷、芸術の形態又は自ら選択する他の方法により、国境とのかかわりなく、あらゆる種類の情報及び考えを求め、受け及び伝える自由を含む。

2. 1の権利の行使については、一定の制限を課することができる。ただし、その制限は、法律によって定められ、かつ、次の目的のために必要とされるものに限る。

   a. 他の者の権利又は信用の尊重

   b. 国の安全、公の秩序又は公衆の健康若しくは道徳の保護

第14条

1. 締約国は、思想、良心及び宗教の自由についての児童の権利を尊重する。

2. 締約国は、児童が1の権利を行使するに当たり、父母及び場合により法定保護者が児童に対しその発達しつつある能力に適合する方法で指示を与える権利及び義務を尊重する。

3. 宗教又は信念を表明する自由については、法律で定める制限であって公共の安

全、公の秩序、公衆の健康若しくは道徳
又は他の者の基本的な権利及び自由を保
護するために必要なもののみを課するこ
とができる。

第15条

1. 締約国は、結社の自由及び平和的な集会
の自由についての児童の権利を認める。

2. 1の権利の行使については、法律で定め
る制限であって国の安全若しくは公共の
安全、公の秩序、公衆の健康若しくは道
徳の保護又は他の者の権利及び自由の保
護のため民主的社会において必要なもの
以外のいかなる制限も課することができ
ない。

第16条

1. いかなる児童も、その私生活、家族、住
居若しくは通信に対して恣意的に若しく
は不法に干渉され又は名誉及び信用を不
法に攻撃されない。

2. 児童は、1の干渉又は攻撃に対する法律
の保護を受ける権利を有する。

第28条

1. 締約国は、教育についての児童の権利を
認めるものとし、この権利を漸進的にか
つ機会の平等を基礎として達成するた
め、特に、

    a. 初等教育を義務的なものとし、すべて
    の者に対して無償のものとする。

    b. 種々の形態の中等教育（一般教育及び
    職業教育を含む。）の発展を奨励し、す
    べての児童に対し、これらの中等教育
    が利用可能であり、かつ、これらを利
    用する機会が与えられるものとし、例
    えば、無償教育の導入、必要な場合に
    おける財政的援助の提供のような適当
    な措置をとる。

    c. すべての適当な方法により、能力に応
    じ、すべての者に対して高等教育を利

用する機会が与えられるものとする。

    d. すべての児童に対し、教育及び職業に
    関する情報及び指導が利用可能であ
    り、かつ、これらを利用する機会が与
    えられるものとする。

    e. 定期的な登校及び中途退学率の減少を
    奨励するための措置をとる。

2. 締約国は、学校の規律が児童の人間の尊
厳に適合する方法で及びこの条約に従っ
て運用されることを確保するためのすべ
ての適当な措置をとる。

3. 締約国は、特に全世界における無知及び
非識字の廃絶に寄与し並びに科学上及び
技術上の知識並びに最新の教育方法の利
用を容易にするため、教育に関する事項
についての国際協力を促進し、及び奨励
する。これに関しては、特に、開発途上
国の必要を考慮する。

第29条

1. 締約国は、児童の教育が次のことを指向
すべきことに同意する。

    a. 児童の人格、才能並びに精神的及び身
    体的な能力をその可能な最大限度まで
    発達させること。

    b. 人権及び基本的自由並びに国際連合憲
    章にうたう原則の尊重を育成するこ
    と。

    c. 児童の父母、児童の文化的同一性、言
    語及び価値観、児童の居住国及び出身
    国の国民的価値観並びに自己の文明と
    異なる文明に対する尊重を育成するこ
    と。

    d. すべての人民の間の、種族的、国民的
    及び宗教的集団の間の並びに原住民で
    ある者の間の理解、平和、寛容、両性
    の平等及び友好の精神に従い、自由な
    社会における責任ある生活のために児
    童に準備させること。

e. 自然環境の尊重を育成すること。

2. この条又は前条のいかなる規定も、個人及び団体が教育機関を設置し及び管理する自由を妨げるものと解してはならない。ただし、常に、1に定める原則が遵守されること及び当該教育機関において行われる教育が国によって定められる最低限度の基準に適合することを条件とする。

第31条

1. 締約国は、休息及び余暇についての児童の権利並びに児童がその年齢に適した遊び及びレクリエーションの活動を行い並びに文化的な生活及び芸術に自由に参加する権利を認める。

2. 締約国は、児童が文化的及び芸術的な生活に十分に参加する権利を尊重しかつ促進するものとし、文化的及び芸術的な活動並びにレクリエーション及び余暇の活動のための適当かつ平等な機会の提供を奨励する。

第43条

1. この条約において負う義務の履行の達成に関する締約国による進捗の状況を審査するため、児童の権利に関する委員会(以下「委員会」という。)を設置する。委員会は、この部に定める任務を行う。

2. 委員会は、徳望が高く、かつ、この条約が対象とする分野において能力を認められた10人の専門家で構成する。委員会の委員は、締約国の国民の中から締約国により選出されるものとし、個人の資格で職務を遂行する。その選出に当たっては、衡平な地理的配分及び主要な法体系を考慮に入れる。
(※1995年12月21日、「10人」を「18人」に改める改正が採択され、2002年11月18日に同改正は発効した。)

3. 委員会の委員は、締約国により指名された者の名簿の中から秘密投票により選出される。各締約国は、自国民の中から1人を指名することができる。

4. 委員会の委員の最初の選挙は、この条約の効力発生の日の後6箇月以内に行うものとし、その後の選挙は、2年ごとに行う。国際連合事務総長は、委員会の委員の選挙の日の遅くとも4箇月前までに、締約国に対し、自国が指名する者の氏名を2箇月以内に提出するよう書簡で要請する。その後、同事務総長は、指名された者のアルファベット順による名簿(これらの者を指名した締約国名を表示した名簿とする。)を作成し、この条約の締約国に送付する。

5. 委員会の委員の選挙は、国際連合事務総長により国際連合本部に招集される締約国の会合において行う。これらの会合は、締約国の3分の2をもって定足数とする。これらの会合においては、出席しかつ投票する締約国の代表によって投じられた票の最多数で、かつ、過半数の票を得た者をもって委員会に選出された委員とする。

6. 委員会の委員は、4年の任期で選出される。委員は、再指名された場合には、再選される資格を有する。最初の選挙において選出された委員のうち5人の委員の任期は、2年で終了するものとし、これらの5人の委員は、最初の選挙の後直ちに、最初の選挙が行われた締約国の会合の議長によりくじ引で選ばれる。

7. 委員会の委員が死亡し、辞任し又は他の理由のため委員会の職務を遂行することができなくなったことを宣言した場合には、当該委員を指名した締約国は、委員会の承認を条件として自国民の中から残

余の期間職務を遂行する他の専門家を任命する。

8. 委員会は、手続規則を定める。

9. 委員会は、役員を2年の任期で選出する。

10. 委員会の会合は、原則として、国際連合本部又は委員会が決定する他の適当な場所において開催する。委員会は、原則として毎年1回会合する。委員会の会合の期間は、国際連合総会の承認を条件としてこの条約の締約国の会合において決定し、必要な場合には、再検討する。

11. 国際連合事務総長は、委員会がこの条約に定める任務を効果的に遂行するために必要な職員及び便益を提供する。

12. この条約に基づいて設置する委員会の委員は、国際連合総会が決定する条件に従い、同総会の承認を得て、国際連合の財源から報酬を受ける。

第44条

1. 締約国は、(a)当該締約国についてこの条約が効力を生ずる時から2年以内に、(b)その後は5年ごとに、この条約において認められる権利の実現のためにとった措置及びこれらの権利の享受につ

いてもたらされた進歩に関する報告を国際連合事務総長を通じて委員会に提出することを約束する。

2. この条の規定により行われる報告には、この条約に基づく義務の履行の程度に影響を及ぼす要因及び障害が存在する場合には、これらの要因及び障害を記載する。当該報告には、また、委員会が当該国における条約の実施について包括的に理解するために十分な情報を含める。

3. 委員会に対して包括的な最初の報告を提出した締約国は、1(b)の規定に従って提出するその後の報告においては、既に提供した基本的な情報を繰り返す必要はない。

4. 委員会は、この条約の実施に関連する追加の情報を締約国に要請することができる。

5. 委員会は、その活動に関する報告を経済社会理事会を通じて2年ごとに国際連合総会に提出する。

6. 締約国は、1の報告を自国において公衆が広く利用できるようにする。

おわりに

　この本は、私が2020年に刊行した『ブラック生徒指導』の続編ともいえるものです。前著が「生徒指導」のブラックな（ネガティブな）面に焦点をあてた本でしたので、「では、どのような（そうではない）生徒指導を行えばよいのか？」という点については不十分な内容でした。いずれ、そのような点について書いた『ホワイト生徒指導』というタイトルの本を出そうと思っていたところ、文科省の『生徒指導提要』が改訂となり、「子どもの権利条約」についての記載が加えられたことを知り、あらためて『子どもの権利条約と生徒指導』というタイトルで本を刊行することを決めました。

　基本的には、この8年間に大学の教職課程の「生活指導論」「生徒指導論」「子どもの権利と教育」での講義で、学生たちに話してきた内容を中心にまとめましたが、結局この間、学生たちと一緒に「生徒指導」と「子どもの権利条約」について学び考えてきた「研究ノート」のようなものなってしまいました。大学の「生徒指導論」の講義では、「非行・問題行動」「いじめ」「不登校」「心の病」などについても話していますが、今回の本には盛り込むことができませんでした。また「生徒指導」にとっては非常に重要な「子ども（児童生徒）理解」について、この本ではあまり詳しく触れることができませんでした。

　大学での私の「生徒指導論」の講義では、これまで文科省の『生徒指導提要』を基本のテキストとして使用し、それを批判的に読み込むことで、学校で実際に行われている「生徒指導」への理解を深めるようにしてきました。ですので、この本を手に取られた方は、是非とも『生徒指導提要（改訂版）』も合わせて読まれることをお勧めします（現在はWeb上で全文をダウンロードできます）。

　各章の初出は次の通りです。本書に再掲するにあたって加筆削除修正を加えています。

序章・第1章・第2章・第3章・第4章・第5章：書き下ろし

第6章：『ブラック生徒指導』第1章・第2章、海象社、2020年

第7章：「文部科学省の「生徒指導」概念の変遷」：『SGU教師教育研究』第37号、2023年

第8章・第9章・第10章・第11章：書き下ろし

第12章：『ブラック生徒指導』第6章、海象社、2020年

第13章：『ブラック生徒指導』第3章、海象社、2020年

第14章：『ブラック生徒指導』第4章、海象社、2020年

第15章：書き下ろし

第16章：「ガイダンスとしての生徒指導（2）」：『SGU教師教育研究』第36号、2022年

第17章：「ガイダンスとしての生徒指導（1）」：『SGU教師教育研究』第35号、2021年

第18章：「生活指導とは何か（1）」：『SGU教師教育研究』第30号、2016年

第19章：「生活指導とは何か（2）」：『SGU教師教育研究』第31号、2017年

第20章・終章：書き下ろし

　この本ができるまで多くの方々のお世話になりました。大学で、このような「生徒指導論」の講義ができるように尽力していただいた同僚の先生方や職員の皆さん、私の最初の生徒指導の本を出して下さった海象社の瀧川徹さん、そして今回もまた私の本を編集担当していただいた明石書店の神野斉さんには心から感謝を申し上げます。

　最後に、私を生活指導運動と教育学の世界に導いてくださった竹内常一先生と、私を幼い頃から本好きにしてくれて、いずれ自分の本を出したいと夢見るようにさせてくれた母親の霊前に、この本を捧げたいと思います。

2023年4月

川原茂雄

〈著者紹介〉

川原茂雄（かわはら・しげお）

札幌学院大学人文学部人間科学科教授（教育学）

1957年、北海道長沼町生まれ。1980年日本大学文理学部哲学科卒業後、北海道北部の下川商業高等学校の社会科教員となる。以後、北海道内の各地の高校で社会科（公民科）を教える。

1999年、現役の教員を続けながら北海道大学大学院教育学研究科修士課程に入学し、2001年に修了後、酪農学園大学の非常勤講師も兼務し教職課程を担当する。

2016年に35年半勤めた高校教員を退職し、札幌学院大学人文学部の教授（教育学担当）となる。教員免許の取得を目指す学生の教職科目である「教職入門」「生徒指導論」と「子どもの権利と教育」を主に担当している。

著書に、『高校教師かわはら先生の原発出前授業①②③』（明石書店、2012年）、『原発と教育——原発と放射能をどう教えるのか』（海象社、2014年）、『かわはら先生の憲法出前授業　よくわかる改憲問題』（明石書店、2016年）、『ブラック生徒指導——理不尽から当たり前の指導へ』（海象社、2020年）、『かわはら先生の教師入門——「教師ブラック時代」を生き抜くために』（明石書店、2022年）

子どもの権利条約と生徒指導

2023年4月15日　初版第1刷発行

著　者	川原茂雄
発行者	大江道雅
発行所	株式会社明石書店

〒101-0021　東京都千代田区外神田 6-9-5
電　話　03（5818）1171
ＦＡＸ　03（5818）1174
振　替　00100-7-24505
https://www.akashi.co.jp

カバー・本文イラスト	柳幸恵理子
組版	朝日メディアインターナショナル株式会社
装丁	明石書店デザイン室
印刷	株式会社文化カラー印刷
製本	協栄製本株式会社

（定価はカバーに表示してあります）
ISBN978-4-7503-5572-6

かわはら先生の教師入門

「教師ブラック時代」を生き抜くために

川原茂雄 著

■A5判／並製／208頁 ◎2000円

高校教師を35年半務める傍ら「原発出前授業」でも話題となり、現在は大学の教職課程で教鞭をとる著者が、過酷で「ブラック」な労働が問題となる教師の働き方・生き方について語り明かす、教師になる人、現役教師、教育に関心をもつ人のためのガイドブック。

かわはら先生の憲法出前授業 よくわかる改憲問題

高校生と語りあう日本の未来
川原茂雄著
◎1400円

大事なお話 よくわかる原発と放射能

高校教師かわはら先生の原発出前授業①
川原茂雄著
◎1200円

本当のお話 隠されていた原発の真実

高校教師かわはら先生の原発出前授業②
川原茂雄著
◎1200円

これからのお話 核のゴミとエネルギーの未来

高校教師かわはら先生の原発出前授業③
川原茂雄著
◎1200円

感染症を学校でどう教えるか

コロナ禍の学びを育む社会科授業プラン
池田考司・杉浦真理編著
◎1300円

社会とつながる探究学習

生徒とともに考える22のテーマ
全国民主主義教育研究会編
◎2000円

授業づくりで子どもが伸びる、教師が育つ、学校が変わる

「授業づくり・学校づくりセミナー」における「協同的学び」の実践
石井順治編著　小畑公志郎、佐藤雅彰著
◎2000円

18歳成人社会ハンドブック

制度改革と教育の課題
田中治彦編著
◎2500円

〈価格は本体価格です〉